# Sherlock Holmes の英語

開拓社
言語・文化選書
65

# Sherlock Holmes の英語

秋元実治 著

開拓社

妻美晴に捧げる

# はしがき

　Sherlock Holmes の英語について書いてみたいという気持ちになったことにはいくつかの理由がある。第一に，この物語が広く読まれていることは周知の事実であるが，その割には英語の原文で読まれていることはあまりないのではないかということである。英語で読まれるために多少なりとも Sherlock Holmes の英語の解説書のようなものがあってもいいのではないか。第二に，Sherlock Holmes の英語は英語史的には後期近代英語に属し，当時の英語の使い方，文法，意味などにおいて，現代英語と比較して，少なからず異なっており，興味深いということである。さらに，長年，青山学院大学での授業や同窓会で Sherlock Holmes を読んだり，話したりしているうちにまとめてみたいと思うようになったのが第三の理由である。

　Sherlock Holmes 物語の魅力として，言語以外に（またそれ以上に）当時の文化がある。ビクトリア朝時代の服装，交通手段（馬車など），さらに物語内で描写される風景などである。また当時の人々がどのように生活し，生きていたか，等，興味は尽きない。Sherlock Holmes を読むことによりわれわれはこのようなノスタルジックな世界に引き込まれ，しばし現世を忘れるのである。

　本書は比較的伝統的な品詞分類に則して構成されているが，談話標識や情報構造といった章は伝統的分類とは異なるが，Sherlock Holmes を含めたこの種のジャンルの物語に有益であり，

必要な項目である。さらに，後期近代英語期ということも念頭において，記述と説明を試みた。

なお，本書において，しばしば「多い」，「少ない」といった説明があるが，これはすべての項目を手作業で調べた結果である。もとより手作業による調査では数字上の頻度の正確な算出は期待しがたく，その結果このような説明になった次第である。

最後になったが，開拓社の川田賢氏には企画から編集まで大変お世話になった。心から感謝申し上げる。

2016 年 12 月 1 日

秋元　実治

# 目　　次

はしがき　*v*

第 1 章　概　説 ……………………………………………… *1*

第 2 章　合成述語構文 ……………………………………… *8*
 1.　はじめに　*8*
 2.　先行研究　*9*
 3.　例　*9*
  3.1.　Do　*9*
  3.2.　Give　*10*
  3.3.　Have　*11*
  3.4.　Make　*12*
  3.5.　Take　*13*
 4.　その他の構文　*14*
  4.1.　Have reason(s)　*14*
  4.2.　Have the ___ to V　*15*
  4.3.　Have a doubt (that) vs. doubt　*16*

第 3 章　再帰動詞 …………………………………………… *18*
 1.　はじめに　*18*
 2.　先行研究　*18*
 3.　例　*21*
 4.　再帰代名詞を取る動詞　*23*

## 第4章　進行形および関連パターン　27

1. はじめに　27
2. 先行研究　27
3. 例　28
4. Be going to　30
5. Be about to　31
6. Be + to-infinitive　32

## 第5章　受動態　35

1. はじめに　35
2. 先行研究　35
3. 例　37
4. Get-passive　41

## 第6章　仮定法と間接的条件法　43

1. はじめに　43
2. 先行研究　44
3. 例　45
4. 命令的仮定法 (Mandative subjunctive)　46
5. 形容詞 + that subjunctive　48
6. Lest ～ should　48
7. Take care that　49
8. 間接的条件法 (Indirect condition)　50
   - 8.1. はじめに　50
   - 8.2. 先行研究　51

## 第7章　動詞 + 補文　54

1. はじめに　54
2. 先行研究　54

|   |   |   |
|---|---|---|
| 3. | 例 | *55* |
| 3.1. | 動詞 + that 節／to 不定詞 | *55* |
| 3.2. | Beg + (名詞句) + to-infinitive／that-clause | *58* |
| 3.3. | Prevent + 名詞句 + (from) ing | *59* |

## 第 8 章　Dare ……………………………………………… *61*

|   |   |   |
|---|---|---|
| 1. | はじめに | *61* |
| 2. | 先行研究 | *61* |
| 3. | 例 | *62* |
| 4. | I dare say (I daresay) | *64* |

## 第 9 章　Be + 形容詞／過去分詞 + to V／ing／NP ……………… *68*

|   |   |   |
|---|---|---|
| 1. | はじめに | *68* |
| 2. | 先行研究 | *68* |
| 3. | パターンの種類 | *69* |
| 3.1. | Be accustomed to | *69* |
| 3.2. | Be inclined to | *70* |
| 3.3. | その他のパターン | *71* |
| 3.4. | 動詞 'prepare' の変遷 | *74* |

## 第 10 章　副　詞 ……………………………………………… *76*

|   |   |   |
|---|---|---|
| 1. | はじめに | *76* |
| 2. | 先行研究 | *76* |
| 3. | 例と考察 | *78* |
| 4. | 反応詞 | *80* |

## 第 11 章　虚辞的間投詞と強調詞 ……………………………… *84*

|   |   |   |
|---|---|---|
| 1. | はじめに | *84* |

x

| | | |
|---|---|---|
| 2. | 先行研究 | *84* |
| 3. | 虚辞的間投詞 | *86* |
| 4. | 強調詞 | *89* |

## 第12章　前置詞＋名詞句 ·············································· *92*

| | | |
|---|---|---|
| 1. | はじめに | *92* |
| 2. | 先行研究 | *92* |
| 3. | 例 | *94* |
| | 3.1.　Be＋of NP | *94* |
| | 3.2.　A man／woman＋of NP | *95* |
| | 3.3.　A man／woman＋with NP | *96* |
| | 3.4.　Be＋前置詞句 | *98* |

## 第13章　個別化表現 ···················································· *100*

| | | |
|---|---|---|
| 1. | はじめに | *100* |
| 2. | 先行研究 | *100* |
| 3. | 例 | *102* |

## 第14章　挿入詞 ·························································· *105*

| | | |
|---|---|---|
| 1. | はじめに | *105* |
| 2. | 先行研究 | *105* |
| 3. | 例 | *106* |
| 4. | As 構文 | *109* |
| 5. | I'm／am sure, I assure you および I have no doubt | *111* |

## 第15章　談話標識 ························································ *114*

| | | |
|---|---|---|
| 1. | はじめに | *114* |
| 2. | 先行研究 | *115* |

|  |  |  |  |
|---|---|---|---|
| 3. | 例 | | *115* |
| | 3.1. | Well | *115* |
| | 3.2. | Then | *118* |
| | 3.3. | By the way | *120* |
| | 3.4. | Why | *121* |

## 第16章　Pray vs. please ……………………………………… *124*

1. はじめに *124*
2. 先行研究 *124*
3. Pray と please の交代 *125*
4. 例 *126*

## 第17章　形容詞的造語法と用法 ……………………………… *130*

1. はじめに *130*
2. 先行研究 *130*
3. 造語法 *130*
4. 例 *131*
5. プラスの意味の形容詞とマイナスの意味の形容詞 *133*

## 第18章　There 構文 ……………………………………………… *138*

1. はじめに *138*
2. 先行研究 *138*
3. 例 *140*

## 第19章　イディオムと構文 ……………………………………… *143*

1. はじめに *143*
2. 先行研究 *143*
3. イディオムの分類 *144*

| | |
|---|---|
| 3.1. 動詞 + 目的語 | *144* |
| 3.2. 動詞 + 目的語 + 前置詞 | *146* |
| 3.3. 名詞 + 前置詞 + 名詞 | *148* |
| 3.4. 複合前置詞 (Complex preposition) | *151* |
| 3.5. 動詞 + one's way | *152* |
| 3.6. その他 | *154* |

## 第 20 章　情報構造 ……………………………………… *157*

| | |
|---|---|
| 1. はじめに | *157* |
| 2. 先行研究 | *157* |
| 3. 有標構造 | *158* |
| 4. 倒置 | *160* |
| 5. 倒置の種類 | *161* |
| 5.1. So + 形容詞 | *161* |
| 5.2. 否定語 | *161* |
| 5.3. 目的語の倒置 | *162* |
| 5.4. 補語の倒置 | *162* |
| 5.5. What / How 文の倒置 | *163* |
| 5.6. 右方転移 | *163* |
| 5.7. If のない仮定法 | *164* |
| 5.8. その他の倒置 | *165* |

## 第 21 章　固有名詞等 …………………………………… *167*

参考文献 ………………………………………………… *171*

索　　引 ………………………………………………… *183*

第1章　**概　説**


　Sherlock Holmes の 4 つの小説と 56 の短編は 1887 年から 1927 年にかけて書かれた。この時代はいわゆる 'Victoria' 朝時代（1873-1901）にあたる。英語史的には後期近代英語期（1700-1900/1950）に相当する。この時代は文化的にも言語学的にも興味深い。まず，鳥瞰的に英国史の中での主な出来事をヴィクトリア朝時代，特に Sherlock Holmes 物語との関連で見てみよう。

　　1066 年　ノルマン征服
　　1215 年　マグナカルタ制定
　　1339 年　英仏百年戦争開始
　　1455 年　バラ戦争
　　1588 年　スペインの無敵艦隊を破る
　　1642-49 年　清教徒革命
　　1688 年　名誉革命
　　1762 年　産業革命

1776 年　アメリカ独立宣言

1825 年　Liverpool—Manchester 間鉄道開通

1834 年　London—Birmingham 間鉄道開始

1839 年　ペダル式の最初の自転車の発明

1845 年　下水道の普及

1851 年　ロンドンで第 1 回万国博覧会開催

　　　　　ロイター通信社の設立

1853-56 年　クリミヤ戦争

1859 年　ダーウィン『種の起原』出版

1863 年　Paddington—Farringdon（6 kilos）地下鉄開通（cf.

　　　　　1927 年　上野—浅草間初の地下鉄開通）

1866 年　欧米を結ぶ電気通信が敷設

1880-90 年　欧米で自動車の開発が進む

1888 年　ロンドンで切り裂きジャック出現

1898 年　イギリス—フランス間の無線通信に成功

1901 年　ヴィクトリア女王没す（81 歳）

　Sherlock Holmes では交通手段として，地下鉄と馬車がよく利用されている。地下鉄は 1863 年 Paddington—Farringdon 間のメトロポリタンラインを皮切りに，1865 年には Moorgate Street まで延長され，同時に Hammersmith & City Railway がメトロポリタンラインに接続するなどして，徐々に拡大していった。

　一方，馬車も好まれ，Sherlock Holmes では，cab, gig, hansom, four-wheeler, landau, trap と，いろいろな種類が登場する。それぞれの馬車に関しては，『シャーロック・ホームズ

辞典』（2003）に詳しい。

　ヴィクトリア朝時代とは「慎ましさや近代性，さらには思いやりや進歩的精神を備え，かつ機械文明の発達した時代」(Paterson (2008: xv)) であった。文学も最盛期でもあった。小説家として，Dickens, Trollope, Thackeray や Hardy など，また女流作家として，George Eliot や Brontë 姉妹が活躍した。アメリカ合衆国から Edgar Allan Poe が紹介されて以来，1887 年以降，探偵小説のジャンルも出始め，Arthur Conan Doyle の Sherlock Holmes が人気を博した。

　なお，夏目漱石（1867–1916）もこの間イギリスに留学していた（1900: 9 月出発–1903: 1 月帰国）。さらに，漱石は Conan Doyle（1859–1930）と同時代人であるのも面白い。

　Phillipps（1984: 70–78）は上流階級の書き手・話し手の特徴と思われる syntax を以下の 15 点に述べている。これらの syntax がヴィクトリア朝の英語に当てはまるとは限らないが，興味深く，Sherlock Holmes の英語を読む上で参考になるかもしれない。

1. 未来時を表すのに現在形を使う（Lady Cork … *goes* out of town next week to produce her seventh daughter at Marston）

2. 現代では現在完了を使うところに過去形を使う（I never *was* at his house）。この使い方は 19 世紀まで続くが，衰退しているようだ。

3. 目的語を省略した他動詞用法（I have mentioned to preserve（＝to preserve game）。

4. 'ought to' や 'used to' の否定 'didn't use to' は抵抗があったが，現在では 'You did not use to echo.'

5. 'ought to' は否定する時 'to' は省略する（you ought not）。

6. 助動詞の後 'to be' を省略する（I ever shall be graceful; I mean, we all *must*）。

7. 過去形の動詞後に完了不定詞が来て，意図した計画が達成できなかったことを表す（I quite expected to have seen Mr Thornton）。

8. 'is to' は 18 世紀には 'is likely to' の意味が主で，この意味がヴィクトリア朝時代にも残っており，その否定は「強制」の意味を否定するものである（'Mary,' he said, 'I *am not to* believe this message … I do not believe it. I will not believe it.'（メアリーよ，と私は言った。このメッセージを信じることはない。私は信じないし，信じようともしない）

9. 助動詞の結合で，'must have' は過去に対しての現在の想定を意味するが，19 世紀の古い使い方では過去における 'necessity' も示した（If it ever took place I *must have* heard of it（もしそれが起こったなら，聞いておく必要があった）。

10. 'recover' を他動詞的に使う（I did not *recover* the fright for an hour and a quarter（私は 1 時間と 15 分その恐れから回復しなかった）

11. 仮定法の使用： had ＝ would have, were ＝ would be は現在は廃語。思考動詞の後で過去完了を使うのも上流階

級（I did not think it *had been* so late（そんないに遅かっ
たとは思わなかった）

12. 'one' という不定代名詞は普通控えめな代名詞であるが，
    時に過度の自信，あるいは尊大さを示すことがある。ま
    た上流階級の女性の使い方でもあった（A few startling-
    ly good characters surprise *one*, and I believe that *one*
    can hope and wish only that Govt … should do their
    best（何人かびっくりするほど好人物がいて驚かされるが，政
    府が最善を尽くすことを人々は期待し，望んでいると信じてい
    ます）

13. This＝this place（leave this の句で）

14. 病名に定冠詞を付ける（the toothache）

15. ある使い方の副詞は上流階級を示すことがある（abso-
    lutely＝actually, positively, as a simple fact, quite＝
    completely）

　Kytö et al.（2006: 1）によると，後期近代英語（1700-1950），
特に 19 世紀，20 世紀初めの研究はないがしろにされてきたが，
後期近代英語の研究は前の時代と現代英語をつなぐ点，また英語
全体の史的発達を知る上で，きわめて重要であるとしている。
　後期近代英語の形態的・統語的特徴として，Mondorf（2011）
や Aarts et al.（2012）は，再帰形の減少，-ing comp の拡大，
命令的仮定法（mandative subjunctive）の復活，get-passive 構文
の発達，進行形の確立，迂言的 'do' の規則化，補文組織の変遷，
などをあげている。さらに，19 世紀英語（Sherlock Holmes が
書かれた頃）の特徴として，Görlach（1999: 69-91）は，'be' 完

了用法，語順，特に if のない文における had, were, should, could の倒置，take a look や fall flat などの動詞句の発達，進行形の増大，although, unless, if の後の仮定法の用法，助動詞，特に suppletive modals（be about to／will, shall）の使用，get-passive，そして that 節から to 不定詞／-ing による交代など，をあげている。

本書では上記の論考に留意しながらも，Sherlock Holmes の英語の特徴と考えられる事項について述べることにする。

最後に著者の Sir Arthur Conan Doyle について簡単に紹介しておこう。

彼は 1859 年 5 月 22 日エジンバラで生まれた。Conan Doyle はランカシャーの Stonyhurst にあるイエズス会により運営されたパブリック・スクールで教育を受けたが，そこでの厳格な日課になじめず，もっぱら Sir Walter Scott や Edgar Allan Poe の文学書を愛読した。彼に影響を与えた人物として，Dr Joseph Bell がおり，彼は Sherlock Holmes の原型となったとも言われている。1891 年に London に移転し，そこで開業したが，ほとんど患者は来ることがなく，そのことが逆に小説を書く時間を与えることになった。1899 年イギリスは第二次ボーア戦争真っただ中にあり，Conan Doyle も従軍した。Rudyard Kipling が爵位を拒んだこともあり，Conan Doyle も一度拒んだが，結局 1902 年にナイト爵に叙された。1930 年 7 月 7 日に Sussex で死去した。6 日後 London の Albert Hall での降霊術の会（séance）には 6000 人が詰めかけたと言われている。

Conan Doyle は大変な活動家で，スコットランドで議員に立候補したり（落選した），反婦人参政権論者であった。降霊術

（spiritualism）にも帰依した。趣味も多彩で，クリケットや乗馬をはじめ，古生物学（palaeontology）にも興味を示し，1911 年には科学小説 *The Lost World* を出版した。また，よく旅行し，ヨーロッパ大陸はもちろん，アメリカ，カナダ，オーストラリア，南アフリカなどにも及んだ。

　Conan Doyle には，歴史小説として，*Micah Clarke* (1889)，*The White Company* (1891)，*Rodney Stone* (1896) などがあり，Conan Doyle 自身は必ずしも Sherlock Holmes を愛していたわけではないようである。それが Conan Doyle と言えば，Sherlock Holmes を連想するということはいささか皮肉である。

## 第2章　合成述語構文

### 1.　はじめに

Sherlock Holmes の英語において，合成述語 (composite predicate) 構文が数多く使われている。この構文が好まれる理由はいろいろある。まず，多くの修飾語を使うことができるという点がある。名詞の修飾に関して，形容詞のみならず，数量詞，関係代名詞などの修飾が可能である。また，名詞止めによる文の安定性なども挙げられる。

さらに合成述語文のほうが丁寧であるという指摘もある (Leech et al. (2009: 170))。これらの構文を構成する動詞の大部分は do, give, have, make, take である。さらに，後で述べるように，この構文が頻繁に見られるようなったのは後期近代英語期 (1700–1900 / 1950) 以降である。

## 2. 先行研究

この構文は多くの文法学者の注目を集めており，研究も多い。Quirk et al. (1985)，Biber et al. (1999)，Huddleston and Pullum (2002)，Carter and McCarthy (2006) などの一般的文法書にもしばしば言及がある。以下に主な研究をあげる。Poutsma (1926, II, II, 394–400)，Kirchner (1952)，秋元 (1994)，Akimoto (1989, 1999a)，Quirk (1995: 113–119)，Cattell (1984)，Dixon (2005: 459–483)，Visser (1970: 138–141)，Sinclair (1990: 147–151)，Matsumoto (2008)，Leech et al. (2009: 166–180) など。

史的研究に関しては，Brinton and Akimoto (1999) 参照。


## 3. 例

### 3.1. Do
'do' は後に ing 形を伴うことが多い。

(1) "I am going to *do a little climbing*."

(The Sign of Four: 117)

「ちょっと登ってみようと思う」

(2) "I wasn't destined to *do much soldiering*, however."

(The Sign of Four: 144)

「しかし兵役につくことは予定もしていなかったよ」

(3) "I only wonder I didn't fall down and *do a faint* right there before the altar." (The Noble Bachelor: 297)

10

（「祭壇の前のちょうどそこで倒れて，気を失わないのが不思議
なくらいだ」）

(4) "... and you can leave me to *do the theorizing*."

(The Hound of the Baskervilles: 698)

（「理論化するのは任せてください」）

(5) "... perhaps you had better *do the speaking*," said
Holmes.　　　　　　　　　　(The Devil's Foot: 956)

（「たぶんあなたからお話ししたほういいですよ」とホームズは
言った）


## 3.2. Give

'give' は自然発生的な叫び声・驚きなどの名詞と使われること
が多い。

(6) ... I rang the bell and *gave a curt intimation* that I
was ready.　　　　　　　　　(A Study in Scarlet: 23)

（ベルを鳴らして，用意ができているぞと手短にそれとなく知
らせた）

(7) ... she *gave a violent start*, and looked up ...

(A Case of Identity: 192)

（彼女はとても驚いて，見上げた）

(8) "I heard my father *give a sharp cry* of surprise as we
sat together ..."　　　　(The Five Orange Pips: 221)

（「われわれが座った時，父が鋭い驚きの叫びをあげるのを聞い
た」）

(9) Our visitor *gave a rather shamefaced laugh*.

第2章　合成述語構文　　11

(The Blue Carbuncle: 250)

（われわれの訪問者はいささか恥ずかしげな笑みを浮かべた）

(10) At every turn Baskerville *gave an exclamation* of delight …. (The Hound of the Baskervilles: 700)

（道が変わるごとにバスカーヴィルは喜びの声をあげた）

## 3.3. Have

'have' は「感情，疑い，記憶」などを持っているということであるが，その所有の意味はそれほど強くない。

(11) I have *had a long talk* with Sir Henry this morning …

(The Hound of the Baskervilles: 716)

（今朝ヘンリー卿と長い話をした）

(12) "… he *had good reason* to believe that …"

(Westeria Lodge: 880)

（「…を信じるにたる十分な理由がある」）

(13) "Naturally he *had no doubt* that Cadogan West was guilty." (The Bruce-Partington Plans: 921)

（「カドガン・ウェストが有罪であることは当然のことながら彼は疑いを持たなかった」）

(14) "I *have no desire* to encourage false hopes, but …"

(The Disappearance of Lady Frances Carfax: 947)

（「偽りの希望を助長するようなことは望んではいないけれど」）

(15) "I *have some recollection* that you made a record of it, Watson …" (The Sussex Vampire: 1034)

（「君が記録をとっているということを多少なりとも思い出した

12

よ，ワトソン」）

## 3.4. **Make**

'make' は多くの場合，接尾辞付きの名詞を伴うが，(19) や
(20) のように，接尾辞を伴わない名詞とも共起する。

(16) … I must *make a complete alteration* in my style of
living. (A Study in Scarlet: 16)

（生活のスタイルをまったく変えなければならない）

(17) The old man *made a little run* towards the door, but
… (The Sign of Four: 133)

（老人はドアのほうに少しばかり走りかけたが）

(18) "… he, at my request, *made a careful examination* of
the attic …" (The Five Orange Pips: 221)

（「…私の頼みで，彼は屋根裏部屋を注意深く調べてくれた」）

(19) "… to make myself as pitiable as possible, I *made a
good sca*r …" (The Man with the Twisted Lip: 243)

（「できるだけ自分自身を哀れにみせるため，十分な傷口をつ
くった」）

(20) I was about to *make some reply* in defence of my
friend when he entered the room again.

(Silver Blaze: 346)

（友達を守ろうとして，何か返事をしようとした時，彼が再び
入ってきた）

## 3.5. Take

'take' の特徴の一つとして，不定冠詞のついた名詞を取るが，ゼロ冠詞を取り，イディオム的意味を持つことが多い。(24) など。また 'have' に置き換えられることもある (have a stroll)。

現代英語では，'have vs. take' において，前者はイギリス英語，後者はアメリカ英語において普通であるとされているが，Sherlock Holmes の英語ではこの区別はそれほどはっきりしているわけではない (cf. Trudgill, Nevalainen and Wischer (2002))。

(21) "Well, last Monday evening I was *taking a stroll* down that way when …"　　　　　　　(The Yellow Face: 354)

（「先週の月曜日の夕方，私はあの道を散歩していたら，その時」）

(22) "… how he could allow such a wretch to *take such liberties* with himself and his household."

(The "Gloria Scott": 378)

（「なぜそんな奴が自分自身や家内の者に勝手気ままにしているのか」）

(23) "Come, Watson, we must really *take a risk* and try to investigate this …"　　　　　　(The Priory School: 553)

（「さあ，ワトソン，危険は覚悟の上で，これを調査しなければ」）

(24) "The thing *takes shape*, Watson."

(The Hound of the Baskervilles: 685)

（「事が具体的になったよ，ワトソン」）

(25) He *took one more glance* round to see that there were

14

no witnesses ...                    (The Mazarin Stone: 1016)

（彼は一瞥して，証人がいないことが分かった）


## 4.　その他の構文

### 4.1.　Have reason(s)

reason は不可算名詞として使われることが多く，'have (adj.) reason to', 'have every / any / no reason' が多い。「to + 動詞」に関しては，'reason to believe' というコロケーションが最も多い。複数形もあり，その場合は 'for ing' が多い。

(26)　"His name, I *have every reason* to believe, is Jonathan Small."                    (The Sign of Four: 114)

　　　（「彼の名前は，信じるに足る理由が十分あるが，ジョナサン・スモールだ」）

(27)　"I *have reason* to think that they are hot upon our trail."                    (The Final Problem: 475)

　　　（「彼らがわれわれの追跡にやっきになっていると考える理由がある」）

(28)　"Well, we *had no particular reason* to make a careful examination of the hall."    (The Norwood Builder: 506)

　　　（「ホールを注意深く調べる特別な理由などなかったのだよ」）

(29)　"Exactly, of course, I h*ave other reasons fo*r thinking so ..."                    (The Valley of Fear: 776)

　　　（「まさに，もちろん，そう考える理由が他にもある」）

(30)　"But we *have more assured reasons* than that *for* supporting it." (The Reigate Puzzle: 407)

「そのことを支持するには，それよりももっと確実な理由がある」)

## 4.2. Have the ___ to V

'the ___' の後の名詞で最も多いのは，'kindness' で，次いで 'goodness' である。すなわち，形容詞派生名詞 (deadjectival noun) である。その他，'(good) sense', 'fortune', 'heart', 'honour', 'wit' などである。

(31) "If you will *have the kindness to* hold the lamp for me …" (The Sign of Four: 111)

「もしよろしければランプを持ってくれますか」)

(32) "Might I beg that you would *have the goodness to sit* down upon one of those boxes, and not to interfere?"

(The Red-Headed League: 187)

「どうかこの箱の上に座って，干渉しないようお願いします」)

(33) "Ha! I am glad to see that Mrs. Hudson has *had the good sense to light* the fire." (The Speckled Band: 258)

「おや！ ハドスン夫人が気をきかせて，火をつけてくれるとは嬉しいね」)

(34) "I really *had not the energy to follow* it up save in a very incomplete fashion …" (The Greek Interpreter: 437)

「まったく不完全なやり方でしかその事件を詳しく調べる元気が実際なかった」)

(35) "I thought he *had* not *the nerve to lie* quiet before an

16

alarm of fire."　　　　　　　　　(The Norwood Builder: 509)

（「火事の警報を前にして静かにしているほど彼は神経が図々しいとは思っていなかったよ」）

## 4.3.　Have a doubt (that) vs. doubt

Sherlock Holmes の英語では，'doubt'（動詞）の例以上に合成述語の 'have a doubt' のほうが多いことは興味深い。その大部分は 'have no doubt' という形で現れる。

(36)　"I *have no doubt*, however, *that* we shall be able to obtain the characteristic reaction."

(A Study in Scarlet: 18)

（「しかし，特徴的反応が得られることは疑いがない」）

(37)　"I *have no doubt that*, in spite of the repairs, you could manage there for one night."

(The Speckled Band: 269)

（「修理しても，そこではせいぜい一夜ぐらいしかいられないことは確かだ」）

(38)　"Thank you. I *have no doubt* I can get details from Forbes."　　　　　(The Naval Treaty: 455)

（「ありがとうございます。フォービスから詳細が得られることができると確信しています」）

次の例は文末にきており，挿入詞的である。

(39)　"We have soon set matters right, *I have no doubt*."

(The Speckled Band: 258)

（「間違いなく，事件をきちんと解決しますよ」）

もちろん動詞 'doubt' の例もある。

(40)  With characteristic promptness and audacity he set
      about this at once, and we cannot *doubt* that the boots
      or chamber-maid of the hotel was well bribed …

                         (The Hound of the Baskervilles: 764)

      （持ち前の素早さと大胆さで，すぐに仕事に取りかかった。ブー
      ツやホテルの部屋のメイドが体よく買収されていたことは疑い
      ない）

## 第3章　再帰動詞

## 1.　はじめに

　再帰動詞は現代英語に近づくにつれて，衰退していったと言われる（たとえば，Jespersen (1961: 325)，Strang (1970: 153)，Peitsara (1997: 353)）。その理由の一つとして，myself, ourselves の形の重さがあげられる。さらなる理由に関しては，Rohdenburg (2009) 参照。しかし，Sherlock Holmes の英語においてはかなり頻繁に再帰動詞の使用が見られる。

## 2.　先行研究

　Jespersen (1961, III: 325–331)，Visser (1970: 420–439)，Strang (1970)，Peitsara (1997: 277–370)，Rohdenburg (2009)，Mondorf (2011) など。

　Jespersen (1961: 325–327) において，多数の 'dress (one-self)' の例が Shakespeare, Brontë, Thackeray などから引用さ

れている。なお，再帰代名詞が使われるのは，ここに意志や努力
などの意味があるという。

> Cf. He *recovered* from his long illness.
>
> （彼は長い間の病気から立ち直った）
>
> Grace sat down and tried to *recover herself.*
>
> （グレースは座って，心を落ち着かせようとした）

Peitsara（1997）は中英語から現代英語にかけての再帰動詞の
'strategies' の発達をたどっている。この頃はいわゆる単純な目
的代名詞と再帰代名詞目的語が競合していた時期で，徐々に
-self が優っていく。この点，Visser（1970: 432–436）によると，
1480 年代頃であるという。

構造上のタイプとしては：

- （i）　命令形
- （ii）　動詞 + 再帰代名詞 + 補語
- （iii）　動詞 + 再帰代名詞 + to 不定詞
- （iv）　動詞 + 再帰代名詞（間接目的語）+ 直接目的語

意味上のタイプとしては：

- （i）　運動動詞： fare, depart
- （ii）　状態動詞： lay, sit
- （iii）　心理動詞： fear, grieve
- （iv）　振る舞いの動詞（social behaviour）： bear, behave
- （v）　備えの動詞： dress, equip
- （iv）　無生物主語の拡大を示す動詞： branch, extend

-self 形による動詞＋再帰代名詞は徐々に少なくなっていった。その理由としては，分析的構文（ダミー動詞＋名詞），受動態や自動詞用法の発達などが挙げられる。一般的に言って，現代英語では，(i) 具体的な照応的目的語を取る場合，(ii) 動詞が意味を拡大して -self 形が必要な場合，に限られているようである。

なお，構造上のタイプとして，「動詞＋再帰代名詞＋補語」を Peitsara はあげているが，Sherlock Holmes にもこのタイプは多く見られる ((1)-(5) 例参照)。

再帰代名詞は現代英語では，-self がなくなり，自動詞に使われるものが多い (wash oneself → wash, dry oneself → dry, dress oneself → dress)。

再帰代名詞の衰退には英語の受動態の発達が関係していると考えられる（福村 (1998: 345-375)），他に，'one's way' が関係していると考える学者もいる。

Mondorf (2011) は 'one's way' の発達により，-self 形を駆逐したと論じている。歴史的には再帰形のほうが早く，'one's way' 構文が見られるのは 15 世紀以降であると言われている (cf. Israel (1996))。ただし Brinton and Akimoto (1999: 50) の議論も参照。18 世紀をピークに -self に 'one's way' に取って代わった。'one's way' はその具体的な意味であったが，その名詞の漂白化と相まって，抽象的な意味を持つようになっていった。Mondorf によると，現在では -self 形はより抽象的な意味で，'one's way' 構文といわば分業 (division of labour) を成しているという。

## 3. 例

(1) "Now, Watson, *confess yourself* utterly *taken back*," said he. (The Dancing Men: 511)

（「さあ，ワトソン，まったく驚いたことを白状したまえ」と彼は言った）

(2) … but I *kicked myself free* and scrambled over a grass-strewn coping. (Charles Augustus Milverton: 581)

（しかし私は蹴飛ばして身を振りほどいて，ガラスの破片のついた笠木をよじ登った）

(3) The student had *drawn himself erect*.

(The Three Students: 606)

（学生はしゃんと背筋を伸ばして直立した）

(4) "I wish to God he was!" he cried, and, *tearing himself free*, he dashed from the room.

(The Blanched Soldier: 1003)

（「彼が死んでくれたら」と叫んで，身を振りほどいて，部屋から急いで出ていった）

(5) His Lordship *shook himself free* with some impatience.

(The Mazarin Stone: 1021)

（卿は我慢できないと体を振り放した）

(6) The detective *seated himself* in the armchair, and …

(A Study in Scarlet: 43)

（探偵は肘掛け椅子に座った，そして）

(7) "Don't *trouble yourself* about it, Mr. Sholto," said Holmes … (The Sign of Four: 114)

（「そんなに心配しないでください，ショルトさん」とホームズ
は言った）

(8)　"… but we wedged in as well as we could and soon
*found ourselves* in the office."

(The Red-Headed League: 180)

（「しかし出来るだけ割り込んで，オフィスに入った」）

(9)　… where I lay upon the sofa and tried *to interest my-
self* in a yellow-backed novel.

(The Boscombe Valley Mystery: 209)

（ソファーに横になって，黄表紙本の小説に興味を持とうとし
た）

(10)　In an instant his strange headgear began to move, and
there *reared itself* from among his hair …

(The Speckled Band: 272)

（すぐに彼の奇妙なかぶり物は動き始め，彼の頭髪から頭をも
たげた）

(11)　"You can hardly expect us to *exert ourselves* to find
another such opening for you."

(The Copper Beeches: 320)

（「あなた方に別の勤め口をわれわれが努力して見つけてあげる
なんてことは，ほとんど期待できませんよ」）

(12)　… my wife had *dressed herself* and was sipping on
her mantle and bonnet.　　　(The Yellow Face: 355)

（私の妻は着飾って，マントと帽子を無造作に着けた）

(13)　… she got away out of England and *carried herself*
and the memory of her crime to some land beyond the

第3章 再帰動詞 23

seas.                                      (The Musgrave Ritual: 397)

（彼女は英国から逃れて，身を処し，犯罪の記憶は海のはるか
かなたの地に行ってしまった）

(14) "You need not *concern oneself* about that," said
Holmes.                               (The Solitary Cyclist: 536)

（「君はそんなことを気にかける必要はないよ」とホームズは
言った）

(15) "Really, Watson, you *excel yourself*," said Holmes …

(The Hound of the Baskervilles: 669)

（「実際，ワトソン，君はさえているね」とホームズは言った）

(16) "… as she did not like the neibourhood *in which she
found herself*."          (The Man with the Twisted Lip: 234)

（「彼女は自分がいる近所の人たちを嫌っていましたから」）

再帰動詞の中で，圧倒的に多く使われているのが，'find one-
self + complement' のパターンである。OED （s.v. *find* v. 5.c.）
には "*refl.* To perceive oneself to be in a specified place or po-
sition, or condition of body or mind. Also in weaker sense: To
come to be (in the course of events)." とあり，例は 1386 年の
Chaucer から 1873 年までの例があげられているが，多くない。
多分この再帰動詞の多用は近代英語期に入って見られるものであ
る。


## 4. 再帰代名詞を取る動詞

Sherlock Holmes 物語において，-self 形を伴って現れる動詞

24

には以下のようなものがある。

1) abandon oneself to (にふける)

2) adapt oneself to (に適応させる)

3) ally oneself to (と同盟を結ぶ)

4) attach oneself to (に付きまとう)

5) avail oneself of (を利用する)

6) behave oneself (行儀よく振る舞う)

7) bring oneself to (をする気にする)

8) busy oneself (忙しく過ごす)

9) collect oneself (気を落ち着ける)

10) commit oneself (確約する)

11) compromise oneself (体面を汚す)

12) concern oneself (about) (気にかける)

13) confine oneself to (に限定する)

14) content oneself (with) ((に)満足する)

15) deceive oneself (自分をごまかす)

16) disengage oneself from (から離れる)

17) distinguish oneself (有名になる)

18) efface oneself (from) (目立たないようにする)

19) excel oneself (いつもより実力を発揮する)

20) establish oneself (地位を確立する)

21) excuse oneself (from) (言い訳する)

22) flatter oneself (that) (自負する)

23) forgive oneself (自分を許す)

24) give oneself up to (に降参する)

第3章 再帰動詞　25

25) help oneself to（を自由に取って食べる／飲む）

26) indulge oneself（好きにする）

27) interest oneself（in）（に興味を持つ）

28) lend itself to（に適する）

29) lose oneself（in）（夢中になる）

30) pick oneself up（立ち上がる）

31) present oneself（出頭する）

32) pull oneself together（気を取り直す）

33) recover oneself（落ち着く）

34) resign oneself to（あきらめて受け入れる）

35) revenge oneself（upon）（復讐する）

36) rouse oneself（奮起する）

37) satisfy oneself（that）（満足する）

38) seat oneself（座る）

39) settle oneself（落ち着く）

40) steady oneself（バランスを取る）

41) suggest itself（頭に浮かぶ）

42) surrender oneself to（降参する）

43) treat oneself to（でもてなす）

　これらの例を見ると，かなりイディオム的句（avail oneself of, lend oneself to），努力を強調する句（collect oneself, recover oneself）から，自動詞的句（behave（oneself），settle（oneself））まで必要に応じてさまざまに -self 形が現れている。また中には，受動態のほうが好まれるようになったものもあり（interest oneself, concern oneself），自動詞化したものもある

が，依然としてある表現には -self 形が存在していることが分かる。次例は同じ物語の中で，再帰形と受身形が使われている例である。

(16) Our new visitor, a bright, handsome girl of a conventional English type, smiled back at Holmes as she *seated herself* beside Mr. Bennett.

(The Creeping Man: 1075)

(われわれの新しい訪問者は，伝統的なイギリスのタイプの明るい，きれいな少女で，ベネット氏の隣に座った時，笑みを返した)

(17) Holmes smiled and rubbed his hands. We *were*, I may say, *seated* in the old sitting-room of the ancient hotel … (The Creeping Man:1079)

(ホームズは笑って，手をこすった。われわれは，いわば，古いホテルの居間に座らされた格好だ)

なお，Poutsma (1916: II-1B: 842) は "When little or no personal activity is implied, a reflective verb often approximates to a passive verb"（個人的活動がほとんど含意されていない時，再帰動詞は受動形動詞にしばしば近づく）と述べている。

# 第4章　進行形および関連パターン

## 1.　はじめに

　Sherlock Holmes において，'be + ing' は多く現れるが，'be going to' の形はそれほど多くない。以下において，これらの二つのパターンに加えて，'be about to' と 'be + to-infinitive' についても考察する。なお，'be + ing' は種々の名称で呼ばれているが，本稿では「進行形」を用いる。用語の概観に関しては，Visser（1973, III: 1920–2026）などを参照のこと。

## 2.　先行研究

　先行研究は多いが，Sherlock Holmes の英語，いわゆる後期近代英語に関しての進行形に言及しているものとしては，Poutsma（1926: 317–348），Hatcher（1951），Jespersen（1961, IV: 164–234），Visser（1973: 1920–2026），Scheffer（1975），Wekker（1976），Strang（1982），Arnaud（1998），Smitterberg

27

(2005), Kranich (2010) など。

Strang (1982) によると，進行形は 1700 年頃確立したという。

Smitterberg (2005) は 'Corpus of Nineteenth-Century English' (CONCE) を使って，1800 年から 1900 年間の進行形の様相を調査した。その結果として，進行形が増えていること，口語的特徴であること，そしてジャンル的には private letters に多く，science には少ないこと，などを指摘している。さらに，進行形としてよく使われる動詞として，'go' や 'come' などの運動動詞や 'do' や 'get' などの意志動詞をあげている。また，よく共起する副詞としては，'always' が圧倒的に多く，次いで 'constantly', 'continually', 'perpetually' などとなっている。後述するように，Sherlock Holmes においては，'do', 'come', 'get' の順で多く，また，共起する副詞で最も多いのは 'still' であり，次いで 'continually' となっている。

Arnaud (1998) は 1787–1880 年間の 22 人（男 12，女 10）の手紙に見られる 'be＋ing' を分析した。その際，言語的要因以上に社会言語学的要因がこのパターンの発達に関しているとしている。すなわち，'gender' と 'intimacy' であり，前者に関しては，女性が多く使い，後者に関しては，親密な関係のほうが 'be＋ing' を多く使うということである。さらに，'Romanticism' がこのパターンの台頭に寄与しているとしている。


## 3. 例

(1) "The fact that he *is doing his own shopping* looks as though it were his wife."　　(The Greek Interpreter: 437)

（「彼らが自分自身の買い物をしているということは，まるで彼の妻のようなことをしているようにみえる」）

(2) "I believe that he *is coming* here," said Holmes, rubbing his hands.　　　　　　　　　　(The Beryl Coronet: 301)

（「彼は間もなくここに来ると思うよ」とホームズは手をこすりながら言った）

(3) "That depends on whether you *are going* on the moor," said I.　　　(The Hound of the Baskervilles: 718)

（「あなたが沼地のほうに行くかどうかによります」と私は言った）

(4) "How are you getting on?" "Oh, so so. Nothing to complain of."　　　　　　　　　　(The Beryl Coronet: 312)

（「どうですか」「ええ，まあまあです」「これといって不満はありませんよ」）

(5) "When I came to I found that it *was still bleeding* …"
　　　　　　　　　　　　　　(The Engineer's Thumb: 275)

（「気がついたら，まだ血がでていることがわかりました」）

(6) "My dear Watson, you as a medical man *are continually gaining* light as to the tendencies of a child by the study of the parents."　　　(The Copper Beeches: 329)

（「ワトソンくん，君は医者として，親を研究して子供の癖について解明の光を得ることを絶えずしているよね」）

Sherlock Holmes の中での進行形の使われ方として，①従属節中，特に that 節および関係代名詞に多く現れること，②過去進行形が when 節としばしば共起すること，が特徴のように思

われる。

(7) "... I at once concluded *that Straker was leading a double life and keeping a second establishment* ..."

(Silver Blaze: 350)

(ストレイカーが二重生活を送っており，第二の家を持っているとすぐに結論した)

(8) In his hand he held a long, legal document *which he was reading* in an indolent fashion ...

(Charles Augustus Milverton: 579)

(怠惰な様子で読んでいた長い法律文書を手に持っていた)

(9) "Then I put out my hand, and was about to shake the man, who *was still sleeping* soundly, when a bell over his head rang loudly, and he woke with a start."

(The Naval Treaty: 451)

(「それで私は手を差し伸べて，男を揺り動かそうとした。彼はまだぐっすりと眠っていたが，その時頭上のベルがけたたましく鳴って，男は驚いて起きた」)

## 4. Be going to

'be going to' が助動詞化するのは18世紀前頃と考えられるが，それが定着するのはさらに後である（秋元 (2015)）。Sherlock Holmes ではそれほど多くなく，'will' 'shall' のほうが未来時制を表すことが多いようである。以下はそのいくつかの例である。

(10) "I whipped up the horse and kept within sight of them, feeling ill at ease, for I feared that they *were going to shift* their quarters."     (A Study in Scarlet: 79)

（「私は馬に鞭打った。そして落ち着かない気持ちで，彼らの見えるところにいた。というのも彼らは場所を移そうとしているのではないか心配したからだ」）

(11) "I *am going to smoke and to think over* this queer business to which my fair client has introduced us."

(The Sign of Four: 127)

（「私はたばこを吸って私の公平な依頼人が紹介したこの奇妙な仕事を考えるつもりだ」）

(12) "What *are* you *going to do* now?" asked the Count as Billy disappeared.     (The Mazarin Stone: 1018)

（「君は今何をしようと言うのかね」とビリーが消えた時，伯爵は尋ねた）

## 5．Be about to

'be about to' は「今まさに〜するところだ」の意味で，'be going to' と近いが，'be about to' のほうがより差し迫っている意味が強い。Sherlock Holmes においても比較的よく使われているが，ほとんど過去形で使われている。

Watanabe（2011）は 18 世紀および 19 世紀の三つのジャンル（ドラマ，小説，新聞）から 'be about to' の頻度を調査し，19 世紀を境に増加したと述べている。変化をもたらした要因として，このパターンが個人間に普及したこと，そして意志と未来の

曖昧な文脈の中で，繰り返し使われたことをあげている。しかし過去形が多いか否かは言及されていない。以下は例である。

(13) She wrote me dreadful letters when she heard that I *was about to be married* … (The Noble Bachelor: 293)
（私が近々結婚しそうだということを聞いた時，彼女は恐ろしい手紙を私のところに送ってきた）

(14) The table was all laid, and just as I *was about to ring* Mrs. Hudson entered with the tea and coffee.

(The Naval Treaty: 465)

（食卓が準備され，電話をしようとした所にハドソン夫人がティーとコーヒーを持って入ってきた）

(15) "Excellent. Let me give you a short sketch of what I have done, with the indication of what we *are about to do*." (The Bruce-Partington Plans: 925)
（「素晴らしい。これからどうするかを示しつつ，私がやったことを君に手短に説明しよう」）


## 6. Be＋to-infinitive

'be＋to-infinitive' は Sherlock Holmes においてかなり多く使われている。その意味は予定や未来を表す。

Jespersen (1961, V: 230–239) は不定詞の前の要素が目的語になる，いわゆる遡及的不定詞 (retroactive infinitive) と非遡及的不定詞 (non-retroactive infinitive) に分けて，論じている。前者は古英語にすでに存在し，ラテン語の影響であろうと述べてい

る。代表的な例は 'blame' である。一方，後者は古英語には少なかったが，現代英語では増加していると述べている。意味としては前もって決定されていること，予定，命令などである。'be ＋to passive' はしばしば 'must' や 'can/may' のような法的意味をも表すとしている。その他，Visser (1968, III: 1450–64) や Nesselhauf (2010) 参照。

(16) "Ah, you look on these things from another standpoint." "I fail to see anyone *is to blame*."

(The Noble Bachelor: 297)

(「ああ，あなたは別の観点からこれらの事をみている」「誰も責められるとは思いません」)

(17) "I should like to meet him," I said. "If I *am to lodge* with anyone, I should prefer a man of studious and quiet habit." (A Study in Scarlet: 16–17)

(「彼に会いたいものだ」と私は言った。「もし誰かと下宿を共にするなら，勉強家で，静かな性格の人がいいのだが」)

(18) By the way, your instructions to me never to allow Sir Henry to go out alone will become very much more onerous if a love affair *were to be added* to our other difficulties. My popularity would soon suffer if I *were to carry out* your orders to the letter.

(The Hound of the Baskervilles: 714)

(ところで，ヘンリー卿を決して一人で外出させるなとという君の指示だが，情事が他の困難に加わることになったら，ますますやっかいなものになるだろう。もし君の命令を文字通り実

行するとしたら，私の評判は損なわれることになるだろう）

(19) "Not a moment *is to be lost* in getting to Poultney Square." (His Last Bow: 949)

（「ポールトニー・スクエアに着くのに一瞬たりとも無駄にできない」）

## 第5章　受動態

### 1.　はじめに

　Sherlock Holmes において，受動態はきわめて多い。これは物語の性格に起因する。たとえば，不特定者による犯罪の場面が多いことなどである。以下において，この物語に見られる受動態の特徴について見ていく。

### 2.　先行研究

　受動態の研究は多い。主なものをあげると，Frary（1929），Svartvik（1966），Stein（1979），Moessner（1994），Seone（1996），福村（1998 [1965]），Gustafsson（2006）などであろう。ここでは本稿に関わる 19 世紀の受動態について論じている Gustafsson（2006）を紹介する。

　Gustafsson（2006）は Corpus of Nineteenth-Century English を使って，科学書に見られる受動態を論じている。その特徴とし

て，科学書における没個性的スタイルとしてよく使われることを指摘している。すなわち，受動態は科学書の客観性，非関与性に適した文法的形式である。ジャンルを大きく二つに分けた時，science / history / debate 対 letter / drama / fiction，前者のジャンルに圧倒的に受動態が多く使われているということである。このことは現代英語においても指摘されている現象である（Svartvik (1996: 152)，Quirk et al. (1985: 166)，Biber et al. (1999: 476)）。

Gustafsson (2006) は，しかしながら，次の点について言及していない。① by-agent とゼロ agent との関係，②受動態によく使われる動詞をあげている（p. 125）が，句動詞や動詞句の受動態については述べていない。①に関しては，Biber et al. (1999: 935–943) はゼロ agent (short passive) は by-agent ('long passive') より多い。そしてゼロ agent は会話体に多い。それに対して，by-agent はニュースやアカデミックなジャンルに多い。②に関しては，Biber et al. (1999: 477–479) によく受動態になる動詞があげられているが，句動詞や動詞句の例はあげられていない。

以上紹介した受動態の説明に対して，Sherlock Holmes における受動態の特徴は次の点である。

1. by-agent (= long passive) が多い。
2. 句動詞の受動態が多い。
3. get-passive は少ない。

## 3. 例

典型的なゼロ agent の例として，次のようなものがある。

(1) "If this man *was murdered*, how was it done?" asked the former. (A Study in Scarlet: 32)

（「かりにこの男が殺されたとして，どんな殺され方をしたのだろうか」とレストレード警部は尋ねた）

(2) "His absence *was discovered* at seven o'clock on Tuesday morning. His bed had been slept in."

(The Priory School: 540)

（「彼の失踪が分かったのは火曜日の朝，7 時です。彼のベッドは寝た形跡があります」）

感情を表す動詞もゼロ agent が多い。

(3) Looking over his shoulder, I *was* equally *astonished*.

(The Greek Interpreter: 443)

（肩越しから見て，私は同様に驚いた）

(4) I *was* still *annoyed* at his bumptious style of conversation. (A Study in Scarlet: 25)

（私は彼の横柄な会話のスタイルにいまだに困惑していた）

by-agent があるということは，いわゆる 'end-weight' の原則とその部分に高い情報量があるというこである。すなわち，原則的には，主語は既知情報を有し，'by-agent' は未知情報ということになる。したがって，by-agent による受動態はゼロ agent に対応するというより，能動態に対応していると言えよう。

(5) My mind *had been* too much *excited by all that has occurred* …                    (A Study in Scarlet: 36)

（私の気持ちは起こったすべてのことで余りにも興奮してしまった）

(6) The head *had been beaten in by repeated blows of some heavy and blunt weapon.*

(The Boscombe Valley Mystery: 203)

（頭が何か重い鈍器のようなもので繰り返し殴られ，へこんでいた）

(7) "You look at these scattered houses, and you *are impressed by their beauty*."        (The Copper Beeches: 323)

（「君はこれらの散らばった家々を見て，その美しさに感動したようだね」）

句動詞や動詞句の受動態の例も以下のように少なからず見られる。

(8) "… the key of the whole matter *must be looked for* in the scrap of paper in the dead man's hand."

(The Reigate Puzzle: 407)

（「事件全体の鍵は死んだ男の手にある一片の紙の中に求められるに違いない」）

(9) He had been engaged to Miss Edith Woodley, of Carstairs, but the engagement *had been broken off by mutual consent* some months before …

(The Empty House: 483)

（彼はカーステヤーズのエディスウッドリー嬢と婚約していた

が，その婚約は数ヶ月前双方の合意により解消された）

(10)　… we had our own duties and our own objects, which were not to *be lost sight of.*

(Charles Augustus Milverton: 581)

（われわれ自身の義務や目的もあり，それらを見失うべきでない）

(11)　"As it is, by an indiscreet eagerness, which *was taken advantage of* with extraordinary quickness and energy *by our opponent* …" (The Hound of the Baskervilles: 691)

（「実際のところ，むやみに熱心のあまり，それが異常な素早さとエネルギーで敵方に利用されてしまったのだ …」）

(12)　… when all the world seemed against him and his mind *was driven* half *mad by the injustices of life* …

(His Last Bow: 911)

（世の中すべてが彼に反抗しているように思われ，気持ちも人生の不公平で半狂乱になった時 …）

'it is + 過去分詞 + that' の受動態もある。

(13)　"*It is expected that* a testimonial of some sort will be presented to the two officers as a fitting recognition of their services." (A Study in Scarlet: 86)

（「彼らの功績を認めて，何らかの感謝状が 2 人の刑事に対して，与えられることが期待されている」）

(14)　"*It is conjectured that* he may have been hurrying down to catch the last train from Waterloo Station …"

(The Five Orange Pips: 227)

（「彼はウォータールー駅からの最終列車に乗ろうと急いでいた
のだろうということが憶測される」）

(15) ... *it is surmised at Scotland Yard that* they were
among the passengers of the ill-fated steamer *Norah
Creina* ... (The Resident Patient: 434)
（彼らは不運な汽船ノーラクレイナ号の乗客に紛れていたので
はないかとロンドン警視庁では推測されている）

(16) But *it was destined that* I should, after all, have a last
word of greeting from my friend and comrade.

(The Final Problem: 479)

（結局，私は友人，同僚から最後の挨拶をもらう運命になった）

通常 'by' を伴う受動態として，次のような例がある。

(17) He *was accompanied* in his travels *by his private sec-
retary, Mr. Joseph Stangerson.* (A Study in Scarlet: 41)
（彼は旅行には私設秘書のジョセフ・スタンガートン氏を連れ
て行った）

(18) He *was* closely *followed by an inspector in uniform
and by the still palpitating Thaddeus Sholto.*

(The Sign of Four: 113)

（彼には制服を着た警部といまだにハアハアしているサデウス・
ショルトがぴったりついてきた）

(19) "The Second floor *is inhabited by Daulet Ras, the In-
dian.*" (The Three Students: 601)
（「3階に住んでいるのはインド人学生のダウェット・ラスで
す」）

第5章　受動態　　41

## 4.　Get-passive

研究としては，Hatcher（1949），Visser（1973, III: 2031–33, 2089–90），Granger（1983），Givón and Yang（1994），Denison（1998），Hundt（2001）などである。

Denison（1998: 181–182, 320）によると，'get-passive' は 17 世紀中頃として，OED の 1652 年の例を疑問視して，1693 年の例をあげている。Hundt（2001）は Archer を基に，初例は 18 世紀としている。

Sherlock Holmes においては，'get-passive' はきわめて少なく，いわゆる 'adversive passive'（Givón and Yang（1994: 137））——好ましくない結果の意味——は発達させていない。以下は例である。

(20)　"You are here for a rest, my dear fellow.  For heaven's sake don't *get started* on a new problem when your nerves are all in shreds."　　　(The Reigate Puzzle: 399)

（「いいかい，君は休むためにここにいるのだ。神経がぼろぼろの時，新しい問題など始めないでくれ」）

(21)　"It is all full of deserted halls, and winding passages, and long corridors twisting in and out, so that it is easy enough for folk to *get lost* in it."

(The Sign of Four: 146)

（「そこは人気のないホールでいっぱいで，くねくねした通路やあっちこっち曲がっている長い廊下がたくさんあり，その中にいると誰でも簡単に迷ってしまう」）

(22) "For a short time he played polo at Harlingham, but this Prague affair *got noised* about and he had to leave." (The Illustrious Client: 987)

(「ちょっとの間，彼はハーリンガムでポロをしていたが，その頃プラハ事件が言いふらされ，辞めざるをえなかった」)

第6章　**仮定法と間接的条件法**

## 1.　はじめに

　仮定法の歴史は，一般的に言って，古英語期における屈折の表現から，屈折の水平化により，中英語，初期近代英語期を経て，shall, should, must などによる迂言的表現への移行であると言える。さらに，現代英語，特にアメリカ英語において，「非屈折仮定法」(non-inflected subjunctive)（または「命令的仮定法」(mandative subjunctive)）という法助動詞を伴わない表現が発達した。この非屈折的仮定法はアメリカ英語でまず発達して，イギリス英語に徐々に浸透していったと考えられる。19世紀後半から20世紀初頭にかけて書かれた Sherlock Holmes の英語では法助動詞をともなった，いわゆる「迂言的仮定法」(periphrastic subjunctive) が多いと予想されるが，必ずしもそうではない。

43

## 2. 先行研究

　現代英語での仮定法については，Quirk et al. (1985: 155-158, 1012-15)，Carter and McCarthy (2007: 528-535, 756-757)，千葉 (2013) などがあり，全般的な流れを述べたものとしては，Harsh (1968)，James (1986)，Denison (1998: 160-164, 262-264)，Molencki (1999) などがある。さらに「命令的仮定法」を研究したものとして Övergaard (1975) があり，コーパスに基づいた研究書として，Crawford (2009)，Kjellmer (2009)，Leech et al. (2009) などがある。

　Sherlock Holmes の英語では仮定法が多く使われている。その一つに if 節を使わずに，助動詞が主語の前に倒置されるものがある。Carter and McCarthy (2007: 756-757) は had, should, were の場合，倒置が普通であると述べている。Molencki (1999: 176-177, 254-257) によると，中英語の頃は 'mighte'，'couþe'，'wiste'，'wolde' も倒置されたが，奇妙なことに，'should' の倒置例は見つからないと述べている。また，'should' による倒置に関しては，Athanasiadou and Dirven (1997) の論を引用している。すなわち，'should' の持つ強い仮定の意味がこの倒置構文を生き残らせているという。

　その他，命令的仮定法も多く使われており，また現代英語では直説法が使われているところに仮定法が使われている例も多々ある。

第 6 章　仮定法と間接的条件法　　45

## 3.　例

まず倒置された例をあげ，その後通常の例をあげる。

(1)　"*Had* I been recognized in that den my life would not have been worth an hour's purchase …"

(The Man with the Twisted Lip: 232)

(「あの巣窟で私が見つかったら，命などは1時間ももたなかったろう」)

(2)　"*Had* this lady who appeals to us for help gone to live in Winchester, I should never have had a fear for her."

(The Copper Beeches: 323)

(「われわれに助けを求めにきたこの婦人が，ウィンチェスターに住むために行ったとしたら，私は少しも心配しないのだけれど」)

(3)　"Now sir, I suggest that you take no notice of this addition to your audience and that you proceed with your narrative exactly as you would have done *had* you never been interrupted."　　　(Wisteria Lodge: 871)

(「さあ, あなたの話を聞く者が加わったとしても気にしないで, 邪魔されなかったとして，正確に話を続けてください」)

(4)　"*Should* I ever marry, Watson, I should hope to inspire my wife with …"　　　　　　　　(The Valley of Fear: 801)

(「もし私が結婚するとするとしたら，ワトソン，私の妻に何らかの感情を鼓舞するようにしたいものだ」)

(5)　… and stood outside the window, ready to carry out

my threat to shoot him *should* he try to leave the room. (The Devil's Foot: 970)

（彼が部屋を出ようものなら，撃つぞという脅しを実行すべく
用意をして，窓の外に立っていた）

(6) "*Should* you hear him pass your door, do not interrupt him, but follow him as discreetly as you can."

(The Creeping Man: 1080)

（「彼がドアを通るのを聞いたら，邪魔しないで出来るだけ目立
たないでついていってください」）

(7) Her bulky figure in a shawl and skirt might have been comic *were* it not for the intensity of feeling upon her face. (The Hound of the Baskervilles: 722)

（彼女の顔に緊張感がなかったら，ショールとスカートの彼女
のいかつい姿は滑稽だったろう）

(8) It would have been a dismal vigil *were* it not for the expectation and excitement which …

(The Creeping Man: 1080)

（期待と興奮がなかったら，さぞかし憂鬱な寝ずの番になって
いただろう）


## 4. 命令的仮定法 (Mandative subjunctive)

Övergaard（1975）は20世紀において，アメリカ英語，イギ
リス英語に見られる命令を表す仮定法について論じている。アメ
リカ，イギリス双方からそれぞれ5の書き言葉コーパス（それぞ
れ約100万語）を，1900，1920，1940年そして1990年に分け

て分析した。その結果，アメリカ英語においては，早くも 1920
年代に Övergaard が言うところの 形態的仮定法（morphological
subjunctive）が好まれるようになった。一方，イギリス英語で
は，1900，1920，1940 年では迂言的仮定法（periphratic sub-
junctive），特に 'should' は普通であった。'morphological sub-
junctive' は 1990 年では，'periphratic subjunctive' にくらべて
半分ぐらいであった。

Sherlock Holmes の英語では，形態的仮定法も迂言的仮定法
も双方使われていた。

(9)　… he had demanded that in return three Vermissa men
*should* be secretly selected and …

(The Valley of Fear: 850)

（見返りに 3 人のバーミッサの人間がこっそり選ばれることを
要求した）

(10)　"Then may I recommend that you *return* there and *be*
on hand in case I should want you?"

(The Disappearance of Lady Frances Carfax: 947)

（「そこへ戻って，必要な時は近くにいるようにお願いできます
か」）

(11)　"I could perhaps suggest that the set *should* be valued
by an expert." (The Illustrious Client: 995)

（「そのセットは専門家により評価されるべきだと提案したいも
のです」）

## 5. 形容詞＋that subjunctive

この構文の特徴は 'that' が残っているということである。

(12) Mr. McCarthy was very *anxious that* there should be a marriage between us.

(The Boscombe Valley Mystery: 208)

（マッカシー氏はわれわれが結婚することを切望していた）

(13) He was *eager that* I should break the entail ...

(The Priory School: 557)

（私が限定相続の制限を解くことを彼は願っていた）

(14) "... but you will be very *careful that* not for one instant shall it be more than half on."

(The Dying Detective: 935)

（「ちょっとの間でも半分以上明るくしないよう注意してくれたまえ」）

## 6. Lest～should

López-Couss (2007) は Helsinki コーパスと Archer コーパスを基に, lest 節を分析して, 次のように述べている (p. 18)：... *lest*-complements are invariably found after predicates of fearing (lest 補文は恐れる意味の述語の後に一様に見られる)。

以下はその例である。

(15) "... but always I feared *lest* your affectionate regard for me *should* tempt you to some indiscretion ..."

第6章　仮定法と間接的条件法　　49

(The Empty House: 488)

(「だが私に対する君の愛情ある見守りが，君を無分別な行動に走らせるのではないかと，常に心配した」)

(16) The stern old man had sent his son away and hidden him from the world *lest* some scandal *should* come to light.　　　　　　　　　　(The Blanched Soldier: 1004)

(厳しい老人は息子を追いやって，スキャンダルが明るみに出ないよう彼を世間から隠していた)

(17) ... for she knew how you loved the boy and feared *lest* it *break* your heart.　　　(The Sussex Vampire: 1043)

(いかにあなたが子供を愛しており，心を痛めているかを彼女は知っていた)

## 7．Take care that

Sherlock Holmes の英語では，次例に見るように，'take care that + 直説法' の形になっている。

(18) "We must *take care that* he *does* not now bring us to the place where the creosote-barrel came from," I observed.　　　　　　　　　　　　　(The Sign of Four: 123)

(「クレオソート樽が来た場所に彼がわれわれを連れてこないよう注意しなければならない」と私は言った)

(19) He *took particular care that* Sir Henry *did* not make love to her, as you have yourself observed.

(The Hound of the Baskervilles: 742)

（君自身観察してきたように，ヘンリー卿が彼女に言い寄らな
いよう彼は特別注意した）

しかし OED には次のように，初期には，仮定法を取っていた例
が載っている。

(20)  Take care that they be transmitted to me with the pa-
      per of ...
      (1544 Coverdale Let. To C. Hubert Wks. (Parker Soc.) II.
      509) [OED]
      （それらが書類と共に送られるよう注意してくれ）

(21)  In the choice of a Sword, we take care that it be
      wieldy.  (1678 R. L'Estrange Seneca's Mor. iii.v. 28) [OED]
      （剣を選ぶ際，使いやすいことを心がける）

なお，次例も参照。

(22)  ... but *take care,* that neither the man's character, nor
      the Lady's beauty, *be* in the least doubtful.
                        (1765 *Lord Chesterfield's Letters*: 349)
      （人の性格も婦人の美も少なからず疑うべきよう気をつけよ）


## 8.　間接的条件法 (Indirect condition)

### 8.1.　はじめに

Sherlock Holmes の英語では以下に述べるような間接的条件
法が多く，推理小説の文体・文法の一端を表していると考えられ
る。すなわち，推理小説は物語の性質上，推論する会話が多く，

その推論に一定の条件をつけたりするものである。さらには，間接的条件法的言い方は遠慮した言い方で，丁寧さに通じるものである。

## 8.2. 先行研究

Quirk et al. (1985: 1047–1146)，Dancygier (1998: 89–93)，Declerk and Reed (2001: 353–358) および Claridge (2007) などの先行研究がある。

Quirk et al. (1985: 1047–1146) は評言節を副詞節の中の下位分類として条件節などと同類に扱っている。実際上，条件節，特に間接的条件法 (indirect condition) は，評言節と以下のように機能を共有する。同書では間接的条件法を次のように分けている (1095–1097)：

(a) 話者の発話が聞き手側の許可に依存しているという点で，丁寧さ (politeness) の慣用的表現： if I may say so, if I may put it bluntly など。

(b) 正確さや過ちを訂正するような，あるいは聞き手の同意を得るという点でメタコメントとなるもの： if you see what I mean, if you will, if you like など。

(c) 外的知識について不確定さを表すもの： if I understand you correctly, if you know what I'm referring to など。

(d) 話者が発話する条件を表すもの： If you're going my way, I need a lift back ['If you're going my way, will you please give me a lift back.']

Claridge（2007）は *Lampeter Corpus of Early Modern English*（1640–1740）を使って，if 節の分析を行っている。その中で，'parenthetical if-clause' と呼ぶものを，'content-related' な機能を持つものと，'discourse-related' な機能を持つものに分け，後者に 'hedging' あるいはメタ言語的働きが含まれていることになる。以下 Sherlock Holmes からの例をあげる。

(23) A marriage has been arranged [it says] and will, *if rumour is correct,* very shortly take place …

(The Noble Bachelor: 289)

（婚礼が整えられ［新聞の報道］，そして噂が正しければ，すぐに行われるだろう）

(24) "I will be entirely at your service in three minutes, *if I might trespass upon your patience so far.*"

(The Stock-Broker's Clerk: 370)

（「あなたの忍耐につけ込むことになりますが，3分後にはお役に立てるでしょう」）

(25) "If she made a mistake she has paid for it, *if ever a woman did.*"　　　　　(The Abbey Grange: 645)

（「もし彼女が間違いを犯していたら，代償を払ったことになりますが，女として当然ですが」）

(26) "… *if you will excuse my saying so*, somewhat to embellish so many of my little adventures."

(The Red-Headed League: 176)

（「もし私の言い方を許してもらえれば，私のささやかな冒険談に多少脚色があるがね」）

第6章　仮定法と間接的条件法　　53

(27)　"No, sir, White Mason is a very live man, *if I am any*
　　　*judge*."　　　　　　　　　　　　　　(The Valley of Fear: 778)
　　　（「いえ，ホワイト・メイソンはとても活発な人です。私の判
　　　断の限りでは」）

　間接的条件法との関連で言えば，通常意志を表す以外は許され
ない if 節中の 'will' の使用がきわめて多いことは注目に値する
（例（26））。現代英語でも法助動詞 may や must が使われるが，
この物語では特に will が多く，間接的に丁寧に言うときに好ま
れる。Declerck and Reed（2001: 209）は次のように述べてい
る。

　… *will*（or *would*）can express willingness in open condi-
　tons whose P-clause conveys a polite request or invitation:
　（開放条件文において，will（would）は「進んで〜すること」を表
　し，その条件節は丁寧な要求や誘いを表す）

　If you {will/would} kindly take your clothes off, the doc-
　tor will examine you in five minutes.
　（もしよければ服を脱いでください，そうすれば5分後に医者が診
　察しますよ）

# 第 7 章　動詞＋補文

## 1.　はじめに

一般的に言って，英語史は that 節が to 不定詞／-ing に移行した歴史と言える。Sherlock Holmes の書かれた後期近代英語期には現代英語ではほとんど使われない that 節の形や that 節と to 不定詞の競合が見られる。

## 2.　先行研究

Rohdenburg（1995, 2007）や Denison（1998: 256-267）によれば，that 節構文は to 不定詞により侵食され続け，17 世紀，18 世紀頃には that 節は着実に減少したと述べている。Los（2005: 179-189）によれば，古英語においてすでに that 節仮定法と to 不定詞間には競合関係があり，中英語には that 節仮定法は to 不定詞に取って代わられたと述べている。

Akimoto（2008）では，四つの動詞，desire, hope, want,

wish の that 節と to 不定詞との競合関係について述べている。そこではこれらの動詞がお互いの「棲み分け」を維持しつつ，動詞の補文構造の変化を受けていることを中英語から現代英語にかけて考察している。以下において現代英語ではあまり見られないパターンの例をあげる。

## 3. 例

### 3.1. 動詞＋that 節／to 不定詞

(1)  … I could not *disguise* from myself *that* even if Holmes's explanation were incorrect the true theory must be equally outré and startling.

(The Sign of Four: 131–132)

（仮にホームズの説明が正しくないとしても，真の理論もまた奇妙であり，驚くべきものであるということを自分自身から隠すことができなかった）

OALD (2015) には 'disguise the fact (that)' があるが，'disguise that' はない。ただし，『研究社新英和大辞典』には例がある。

(2)  "We shall *engage to* get abroad her by night …"

(The Sign of Four: 154)

（「夜までに船に乗り込むことを請け合うよ」）

OALD には 'engage sb. to do sth' の他動詞用法はあるが，上例のような to 不定詞を直接取っている例はない。

(3) Both these witnesses *depose that* Mr. McCarthy was walking alone. (The Boscombe Valley Mystery: 203)

（これら2人の証人はマッカー氏が一人で散歩していたと供述していた）

OALD には例がないが，『研究社新英和大辞典』にはある。

(4) "Possibly the tramp wanted to *hide that* any murder at all had been committed." (The Norwood Builder: 502)

（「たぶん浮浪者は，どんな殺人でも起こりえるということを隠したがっていたのでしょう」）

OALD には 'hide＋that' の例はない。

(5) "I even *distinguished that* one of them was marked with the name of 'Hyams', who was Oldacre's tailor."

(The Norwood Builder: 503)

（「彼らの一人は『ハイムズさん』の名前で記されており，オールドエーカの仕立て屋であることを私は見分けることすらできた」）

OALD には 'distinguish＋that' の例はない。

(6) "I won't *conceal* from you, Mr. Holmes, *that* we think in the C. I. D. that …" (The Valley of Fear: 775)

（「C. I. D. において，以下のことをわれわれが考えていることを，ホームズさん，あなたから隠すことはしませんよ」）

OALD には 'conceal the fact that' の形はあるが，'conceal＋

第 7 章　動詞＋補文　　57

that' はない。

(7)　"Well, it was evening, but I *mind that* the lamp was
　　　turned on my face."　　　　　　　(The Valley of Fear: 775)
　　　(「ええ，夕方でしたが，ランプが私の顔に向けられるよう心掛
　　　けました」)

OED (*s.v. mind*, v. 6.＋a. *trans.*) "To have in view, have a
mind to (an action, plan,etc.); to contemplate, purpose, intend,
aim at (doing something); also, to plan, provide for (something
external to oneself). Sometimes with clause as obj. *Obs.* とあ
り，that を伴う例は 1564 年のみの例がある。

(8)　"And in this way he *managed that* your good man
　　　should have no want of drink …"

　　　　　　　　　　　　　　　　　(The Copper Beeches: 332)

　　　(「君の亭主が飲み物の不足がないよう，彼はこのようにはか
　　　らってくれたのだ」)

OALD には 'manage that' の例はない。OED にも 'manage that'
の例はない。

(9)　"I should *prefer that* you remain."

　　　　　　　　　　　　　　　　　(The Sign of Four: 93)

　　　(「あなたには残ってもらいたいものだ」)

'prefer that' のほうが 'prefer to V' や 'prefer ing' より Sher-
lock Holmes の英語では多い。なお，that 内は多分仮定法であ
る。

58

## 3.2.　Beg＋（名詞句）＋ to-infinitive / that-clause

動詞 'beg' は通常 that 節をとるが，'beg＋NP＋to-infinitive' のパターンが最も多い。以下は例である。

(10)　"Might I *beg you,* as time may prove to be of impor-
　　　tance, *to furnish* me with …"　　　(The Yellow Face: 353)
　　　（「時間が大事なので，…を私に提供してくれないものか」）

(11)　… Holmes *begged the beautiful intruder to take* a seat
　　　…　　　　　　　　　　　　　　　(The Solitary Cyclist: 527)
　　　（ホームズはその美しい侵入者に座るように頼んだ）

(12)　"I *beg you* then, Mr. Holmes, *to tell* me exactly what
　　　has happened …"　　　　　　　　(The Second Stain: 656)
　　　（「ホームズさん，何が起こったか正確に話してください」）

(13)　"… to which I *beg that* you will give a plain answer."
　　　　　　　　　　　　　　(The Man with the Twisted Lip: 237)
　　　（「そのことに対して率直なお答えをお願いします」）

(14)　To my surprise, she took it very seriously, and *begged*
　　　*me if* any more came to let her see them.
　　　　　　　　　　　　　　　　　　　(The Dancing Men: 513)
　　　（驚いたことに，彼女はそれをたいそう深刻に受け止め，それ
　　　がもっとあったら見せてほしいと私に頼みました）

(15)　"For God's sake, sir, I *beg of* you not to let the police
　　　know that he is still on the moor."
　　　　　　　　　　　　(The Hound of the Baskervilles: 728)
　　　（「お願いですから，彼が今沼地にいることを警察に知らせない
　　　でください」）

(15) の例では 'beg of' と前置詞を伴っているが，形式ばった感じである。なお，'beg＋that' の内容は直説法が普通であるが，仮定法を伴うこともあるようである (cf. Övergaard (1975: 96))。

### 3.3. Prevent＋名詞句＋ (from) ing

現代英語では 'from' を省略したパターンがあるが，Sherlock Holmes の英語では大部分が 'from' が付いている。

Poutsma (1929, Part I, Second Half: 837, 895) では，'prevent＋NP＋from ing' 以外に 'prevent＋pronoun＋ing' の例があげられている。Sellgren (2010) は BNC を基に 'prevent me from going' と 'prevent me going' のバリエーションを調査した。頻度上は前者のパターンのほうがやや多い。意味的には，前者のパターンは 'ing' 形によって示される仮定性の意味が，後者のパターンは 'prevent' の目的語の実現性・永久性と結びついているとしている。なお，受動態の場合は圧倒的に 'from' が現れる。

その他の研究として，Rudanko (1989: 122–132; 2002)，Mair (2002)，Dixon (2005) などがある。

Sherlock Holmes の英語では圧倒的に 'from' が付く例が多い。

(16) … and again my delicacy *prevented me from forcing* another man to confide in me.　　(A Study in Scarlet: 22)
（私は慎みのため，もう一人の人に私を信用して打ち明けるようにさせることはできなかった）

(17) … entreated him to *prevent anyone from coming* up to me.　　　　　　　　(The Man with the Twisted Lip: 243)

（誰も上がってきて私のところに来ないように懇願した）

(18) "Great secrecy would be needed to *prevent rumours from getting* about and subsequent interference by the authorities." (The Blanched Soldier: 1011)

（「噂が広まり，その結果当局が介入することを防ぐには，おおいなる秘密が必要でしょう」）

(19) "… we are endeavouring to *prevent anything* like public exposure of private matters which …"

(The Missing Three-Quarter: 629)

（「私事が公にさらされないよう努力しています」）

(20) "Your delicacy *prevents your putting* a price for yourself." (The Illustrious Client: 995)

（「自分自身で値をつけることは，君は慎重だからできないだろう」）

# 第 8 章　**Dare**

## 1.　はじめに

'dare' は否定のコンテクスト内において現れ, to 不定詞を伴うが, 原形も来ることがあり, 動詞, 助動詞双方の働きをしている。Sherlock Holmes の英語では, 'I dare say' のようなイディオム的表現を除いて助動詞より本動詞用法のほうがやや優勢である。なお, 後で論じる, イディオム的表現として, 'I dare say' (I daresay) は Holmes の作品ではよく使われている。

## 2.　先行研究

Quirk et al. (1985: 138) では 'dare' を 'need' などと共に 'marginal modal' と呼んでいる。'dare' は助動詞構文と動詞構文間の混合 (blend) とも言っている。

(1) a.　They did not dare ask for more.

（あえてそれ以上頼まなかった）

b. They dared not carry out their threat.

（彼らの脅しをあえて実行しなかった）

Visser（1969: 1432-1441）では古英語から現代英語における‘dare’構文の概観がなされている。その他，Beths（1999），Krug（2000）などがある。Beths（1999）は文法化の枠組みで，‘dare’の古英語から現代英語に至る変遷をたどっている。古英語において，dare は本動詞，助動詞双方の働きをしていたが，助動詞用法が優勢であった。この状態は中英語に入ってからも続いた。この時期 dare（OE *durran）の形式が生じ，助動詞の後に生じる非定形ができた。初期近代英語に入ると，dare は機能的要素が強まるが，その語彙的要素は保持され，強化された。統語的には非定形の形がその後 to 不定詞を取る形が生じた。また，‘dares + verb’という形も出てきた。現代英語になると，dare は助動詞，本動詞，そして混合構文の三つの用法があることになる。この中，助動詞および混合構文は古英語以来現在まで生き続けてきており，本動詞の構造はその後から生じたものであるが，これが文法化の一方向性を阻害する副産物として重要な役割を果たすことになる。


## 3. 例

i) 助動詞用法

(2) "His victims *dare* not hit back."

（「彼の犠牲者はあえてやり返させることはない」）

第 8 章　Dare　　63

(Charles Augustus Milverton: 573)

(3)　"… he *dared* not leave her long out of his sight for fear he should lose his influence over her."

(The Hound of the Baskervilles: 763)

(「彼女に対して影響力を失うのを恐れて，彼女を視界の外に長い間置いておくこということをあえてしなかったのだ」)

(4)　"The affair seems absurdly trifling, and yet I *dare* call nothing trivial when I reflect that …"

(The Six Napoleons: 584)

(「事件はばかばかしいほどつまらないように見えるが，… を振り返った時，取るに足らないものだとあえて呼ぶようなものは何もないのだ」)

ii)　動詞用法

(5)　"We would not *dare* to conceive the things which are really mere commonplaces of existence."

(A Case of Identity: 190-191)

(「本当に単なる平凡な存在物であるような物事を想像することをあえてしまい」)

(6)　I didn't *dare* to disobey him.　(The Dying Detective: 932)
(彼に従わないようなことをあえてしなかった)

(7)　"Do you *dare* to suggest that I have given away my own agents!"　　　　　　(His Last Bow: 976)
(「私自身のエージェントを売ったとでも言いたいのかね」)

(8)　"… he would none the less never have *dared* to do what I have done."　　　(The Blanched Soldier: 1010)

（「彼はそれにもかかわらず，私がしたことをあえてしようとは決して思わないだろうよ」）

## 4. I dare say (I daresay)

Quirk et al. (1985: 1114) は評言節の一タイプとして，話者のためらい (tentativeness) を表す,いわゆる「垣根表現」('hedge') の例として，'I daresay' をあげている。Akimoto (1999b) および Brinton (2008: 93-97) においても 'I daresay' が論じられている。概略的に述べると次のようになる。

この挿入詞用法の最も早い例は，OED (*s.v. dare*. III) の次例である。

(9) Bot *i dare sai*, and god it wat, 'Qua leli luues forgettes lat.'　　　　　　　(1300 *Cursor M.* 4509 (Cott.))
   （あえて言えば，神のみぞ知る，であるが，誠実に愛する者は誰でも後になって忘れる，ということである）

この例の使われ方は文字通りであり，'probably' の意味で使われる例としては，次の *Tom Jones* (1749) からの例文がある。

(10) You give your friend a very good character .. and a very deserved one, *I dare say*.
   　　　　　　　　　　　(1749 FIELDING *Tom Jones* VII. Xii)
   （あなたの友達は立派な人物で，たぶん非常に賞賛に値する人でしょう）

1500 年以降の that の有無および 'I dare say' の位置の頻度を示

すと次の通りである。

表 1：I dare say に後続する that およびその位置（OED）

| | that | | 位置 | | |
|---|---|---|---|---|---|
| | 有 | 無 | 文頭 | 文中 | 文末 |
| 1500–1550 | 1 | 1 | 2 | 0 | 0 |
| 1551–1600 | 1 | 1 | 1 | 1 | 0 |
| 1601–1650 | 0 | 8 | 8 | 0 | 0 |
| 1651–1700 | 0 | 5 | 4 | 1 | 0 |
| 1701–1750 | 0 | 10 | 5 | 4 | 1 |
| 1751–1800 | 0 | 16 | 12 | 4 | 0 |
| 1801–1850 | 0 | 22 | 17 | 2 | 3 |
| 1851–1900 | 0 | 34 | 27 | 5 | 2 |
| 1901–1950 | 0 | 7 | 6 | 1 | 0 |
| 1951– | 0 | 16 | 11 | 3 | 2 |

（秋元（2014:：222））

　上の表から，'I dare say that' はきわめてまれであり，早くから that のない形が好まれていることが分かる。また位置について言えば，1700 年以降，文中，文末に使われ始めたことが分かる。この挿入詞の発達は本来の意味が漂白化した文法化の例であり，統語的にも，文頭から，文中，文末に現れるなど，挿入詞用法の機能を強めていった。意味的変化の過程は次のようになる：

　*a.*　to venture to say as likely（あえて言えばありそうである）
　　↓
　*b.*　to assume as probable（たぶんそうだと仮定して）
　　↓

*c.* probably（たぶん）

Sherlock Holmes の作品中における 'I dare say／I daresay' の位置および頻度は以下の通りである。なお，便宜上 'I dare say' と 'I daresay' は一緒にしてある。

表 2：I dare say／I daresay の位置

|  | 文頭 | 文中 | 文末 |
|---|---|---|---|
| I dare say／I daresay | 15 | 1 | 0 |

(Kamono (2010) を一部修正)

また，that の有無に関しては以下の通りである。

表 3：I dare say／I daresay that

|  | 有 | 無 |
|---|---|---|
| I dare say／I daresay | 4 | 12 |

(Kamono (2010) を一部修正)

Brinton (2008: 94) は BNC (＝British National Corpus) において，'I dare say／I daresay' の後は 93％ that がないと述べている。その点，Sherlock Holmes では that 節をとる例は 25％を占めており，現代英語に比べて that を取ることが多いと言える。以下は例である。

(11) "I *dare say* you would find a heap of Smalls living there now if you were to look." (The Sign of Four: 144)
（「捜そうものなら，山のようなスモールがそこに住んでいると言えよう」）

第 8 章　Dare　　67

(12)　"I *daresay* that if I had put $100 down in front of him,
　　　 that man would not have given me such information
　　　 as …"　　　　　　　　　　　　　(The Blue Carbuncle: 253)
　　　（「彼の前に 100 ポンド置いたとしても，あの男がそんな情報
　　　 を与えてくれることはおそらくなかろう」）

なお，最後に次のような例もあり，注目に値する。

(13)　It was unlikely that she *would dare to say* that she had
　　　 not been to Baskerville Hall if she really had been …)
　　　　　　　　　　　　　　(The Hound of the Baskervilles: 735)
　　　（もし彼女がバスカーヴィル・ホールに実際行ったことがある
　　　 なら，そこに行ったことがないとあえて言うことはありそうも
　　　 なかった）

(14)　"I presume that you do not go so far as to assert that I
　　　 summoned you?"　"I would rather answer no ques-
　　　 tions," said Holmes.　"No, *I dare say not*," said the
　　　 professor with asperity.　　　(The Creeping Man: 1077)
　　　（「私があなたを呼び寄せたとまでは言い張らないと思います
　　　 が」「ご質問にはお答えしたくないですね」とホームズは言っ
　　　 た。「たぶんそうでしょう」と教授はいらだって言った）

　(14) の例では，'I dare say not' の 'not' は 'I dare say' を否
定するのではなく，前文の 'answer no questions' に対する否定
であり，'I dare say' 全体で 'probably' のような意味になる。

# 第9章　Be＋形容詞／過去分詞＋to V/ing/NP

## 1.　はじめに

　この構文は Sherlock Holmes の英語において多く，過去分詞から転じた形容詞の後に 'to V/-ing/NP' がくるが，その選択にはバリエーションがあり，現代英語における先駆的用法として興味深い。

## 2.　先行研究

　Quirk et al. (1985: 143) では 'semi-modal' として，「be＋形容詞・過去分詞＋to」の形があげられている。特に本章と関係するものとしては，be bound to, be obliged to などで，また同書 (1221-22) において，'to' を取る分詞として，'accustomed', 'inclined' があげられている。

　Westney (1995) は *The Corpus of English Conversation* (Svartivik and Quirk (1980)) を基に，must, have (got) to, need (to) と並んで，be bound to および be supposed to について論じている。

## 3. パターンの種類

### 3.1. Be accustomed to

'to' の後は動詞，動名詞共に現れるが，その割合は大体半々である。

(1) He had *been accustomed to succeed* in all that he undertook.　　　　　　　　　　　　　(A Study in Scarlet: 61)

（彼は試みたことすべてに成功することに慣れていた）

(2) She *was accustomed to use* slang of that kind.

(The Noble Bachelor: 293)

（彼女はその種のスラングを使うのに慣れていた）

(3) "… you can understand that I *am* not *accustomed to doing* such business in my own person."

(A Scandal in Bohemia: 165)

（「そんなことを私自身やることには慣れていないことはお分かりでしょう」）

(4) Young Overton's face assumed the bothered look of the man who *is* more *accustomed to using* his muscles than his wits …　　　　(The Missing Three-Quarter: 623)

（ヤング・オーバトンの顔は知恵より筋肉を使うことに慣れている男の困った顔つきだった）

Poutsma (1929, Part I, Second Half: 927) は 'be accustomed

to' 動名詞より to 不定詞のほうが普通であると述べている。Ru-danko and Luodes（2005: 59）によると，'accustomed' は 18 世紀には to 不定詞のほうが普通で，この傾向は 19 世紀にまで続いており，この頃 -ing も現れたが，まだ to 不定詞のほうが優勢であった。しかし，現代英語では -ing のほうが普通である（cf. OALD（*accustomed*, adj.））。Rudanko and Luodes（ibid.）も 'to ing' のほうが英米ともに多いと述べている。

## 3.2. **Be inclined to**

現代英語では，to 不定詞が普通である（cf. OALD（inclined, adj.））。Poutsma（1929: 128）も to 不定詞のほうが普通であると述べている。ただし，to の後に名詞（句）がくることもある。Sherlock Holmes の英語では，to 不定詞のほうが多いが，名詞（句）がくることもある。

(5) "… 'Pon my word, I *am inclined to agree* with Master Alec," said the official.　　　　　　　(The Reigate Puzzle: 405)

（「確かに，私はマスター・アレックに同意したいものです」と刑事は言った）

(6) "… I should *been inclined to make* that the starting-point of my investigation."　　　　　　(Black Peter: 560)

（「私の調査の出発点としたいと考えています」）

(7) "I *was inclined* from the first *to* the latter supposition."

(A Study in Scarlet: 84)

（「最初から後の仮説に傾いていた」）

## 3.3. その他のパターン

上記以外にもよく現れる構文としては次のようなものがある：
'be bound to (say)', 'be compelled to', 'be tempted to', 'be prepared to', 'be forced to' などで，これらの句の後は動詞がくる。

(8) "I'*m bound to say* that I make nothing of the note except …"                              (Wisteria Lodge: 874)
   (「… を除いてメモについて何も分からないと言わざるを得ません」)

(9) I'*m tempted to give* some account of it in spite of the fact that …          (The Five Orange Pips: 217)
   (… という事実にもかかわらず，それについて何らかの説明をしたくなります)

(10) Now, however, I have arrived at a point in my narrative where I *am compelled to abandon* this method …

                              (The Hound of the Baskervilles: 726)
   (さて，私は話の途中に来たところでこの方法を止めざるを得なくなった)

(11) "I *was forced to join* the local lodge, same as you did last night."                    (The Valley of Fear: 841)
   (「あなたが昨夜泊まったように地方の宿に泊まらざるを得ません」)

(12) "I take it, in the first place, that neither of us *is prepared to admit* diabolical intrusions into the affairs of men."                              (The Devil's Foot: 960)

（「まず第一に，われわれの誰も人の出来事に悪魔の侵入を許す
準備のある人はいないと思います」）

(13) ... for in my position of partner and confidant I *am
obliged to be* particularly careful to avoid my indiscre-
tion.                                      (The Three Garridebs: 1044)

（相棒であり，腹心の友の立場上，私は無分別を避けるのに特
に注意せざるを得ません）

(14) These woods *are* locally *supposed to be* the extreme
fringe of the great Weald forest ...

(The Valley of Fear: 779)

（これらの森はウィールド森の最もふちであると場所的に考え
られるところである）

この中で，OALD に見出し語として記載されているものは，
'accustomed', 'bound', 'inclined', 'obliged', 'prepared' そし
て 'supposed' である。これらはすべて過去分詞と考えられるの
で，本来の能動形動詞としての動詞があるはずである（実際のと
ころ，OALD では，それらの動詞があげられている）。しかし，
これらの過去分詞がよく使われるので，独立した見出し語になっ
ているわけであるが，なぜ動詞用法が少なくなり，過去分詞用法
が増えたのか？ OED には以下のように他動詞用法がある。

(15) When we can *accustom* our eyes to it [danger], a great
deal of the apprehension vanishes.

(1756 Burke Subl. And B. Wks. I. 160)

（危険に目を慣らされると，多量の不安が消える）

(16) What law can *bynd* mee, to be trew to so wicked a

第 9 章　Be ＋形容詞／過去分詞＋to Ｖ／ing／NP　　73

countrey?　　　　　　　　(1583 Stanyhurst Æneis II. (Arb.) 48)
（どんな法律が私を縛ることができようか，かくも邪悪な国に
忠実になることに）

(17)　The language of Æschines *inclines* us to believe that
　　　they did not adopt the motion of Demosthenes.

　　　　　　　　　　　　　　(1839 Thirlwall Greece xlvii. VI: 105)
　　　（アイスキネスの言葉により，デモステネスの動議を彼らが採
　　　用しないということを信じる気持ちになっている）

(18)　From this time I resolve to *oblige* all my family to
　　　serve God.　(1715 De Foe Fam. Instruct. I.iii. (1841) I. 64)
　　　（この時から，私は家族に対して神に仕えるようにさせる決心
　　　をした）

(19)　These thynges … *prepare* also the reader and hearer
　　　to the treatise now following.

　　　　　　　　　　　　(1561 Daus tr. Bullinger on Apoc. (1573) 217)
　　　（これらのことが次に続く論題へ読者や聴衆に準備させること
　　　になる）

(20)　*Suppose* a man to have riches and honours.

　　　　　　　　　(1678–9 Stillingful Serm. 7 Mar. Wks. 1710 I. 257)
　　　（仮に人が富と名誉を持っているとして）


　一般的に言えば，これらの動詞の過去分詞がよく使われるよう
になり，その結果固定化したパターンに発達し，その後定着した
ということであり，それと共に，法的意味合いが付随的に備わっ
てきた。しかしながら，その発達は決して単純ではなく，複合的
要因（たとえば，to 不定詞や受動態の発達など）が重なり合って

発展していったと考えられる。

## 3.4. 動詞 'prepare' の変遷

以下にその変遷例として 'prepare' を OED からあげる。なお,
関連構文もあげた。

表 1 ：'prepare' の機能の変遷（OED）

|  | prepare to | be prepared | prepare oneself | make preparation(s) |
|---|---|---|---|---|
| 1500–1550 | 2 | 0 | 2 | 0 |
| 1551–1600 | 6 | 0 | 12 | 3 |
| 1601–1650 | 11 | 0 | 9 | 1 |
| 1651–1699 | 15 | 0 | 12 | 6 |
| 1700–1750 | 1 | 8 | 4 | 5 |
| 1751–1800 | 5 | 6 | 5 | 3 |
| 1801–1850 | 12 | 11 | 8 | 9 |
| 1851–1900 | 14 | 59 | 8 | 10 |
| 1901–1950 | 9 | 62 | 7 | 11 |
| 1951~ | 6 | 104 | 0 | 11 |

（秋元 (2014: 139)）

この表からも 'be prepared to' のパタンが 1850 年以降増えて
いることが分かる。逆に 'prepare to' の能動的用法は減ってきて
いることも分かる。このことは現代英語になるとさらに顕著であ
る。次の表は LOB コーパスからのものである。

第9章　Be＋形容詞／過去分詞＋to V／ing／NP　　75

表2: 'prepare' の現代英語における用法（LOB）

| prepare to | be prepared to | prepare oneself | make preparation(s) |
|:---:|:---:|:---:|:---:|
| 0 | 73 | 4 | 0 |

（秋元（2014: 141））

　表1，2から分かることは，'prepare' が形容詞化しているこ
と，過去分詞の増大と共に，再帰形が減っているということであ
る。このことからも，第3章で述べた，再帰動詞の減少に受動
態動詞が影響していることがうなずける。以下は例である。

(21)　All candidates in impending municipal elections would
　　　 do well to *prepare themselves* in such questions as …

(LOB)

　　　（近づく地方議会選挙の候補者は全員 … のような質問に準備す
　　　るよう頑張ってもらいたい）

(22)　While wholesalers *are* generally *prepared* to make di-
　　　rect sales to certain classes of …　　　　　　(LOB)

　　　（卸売業者は … のクラスに直接売ることをだいたい準備してい
　　　るが …）

## 第 10 章　**副　詞**

## 1.　はじめに

　Sherlock Holmes では，約 600 の -ly 副詞が使われている。これは Jacobson (1964: 211-363) があげている数と大体同じであるが，データの大きさを勘案すると，Sherlock Holmes は副詞を多く使っていると言えよう。

## 2.　先行研究

　数多くある。たとえば，Greenbaum (1969)，Jacobson (1964, 1975)，Hoye (1997) など。また一般の文法書にも必ず言及がある。Quirk et al. (1985: 445-653)，Biber et al. (1999: 761-892)，Huddleston and Pullum (2002: 570-595) など。さらに，史的研究として，Swan (1988) がある。ここでは Jacobson (1964)，Quirk et al. (1985: 566-631) を中心に Sherlock Holmes の中で使われている副詞について考えていく。

第 10 章　副詞　　77

　Jacobson（1964）は記述的研究である。副詞の例をいろいろな
ジャンルの 66 冊と 8 つの散文劇のコーパスを加えたものから
取っている。そして一つ一つの副詞がどの位置に現れるかを考察
した。たとえば，Sherlock Holmes で最も多く現れる 'certainly'
であるが，Jacobson（1964: 240）によると，14 の作品中，92
現れ，その内文頭に現れるもの 22（24%），文中に現れるもの
68（75%），そして文末に現れるもの 1（1%）となっている。総
じて，Jacobson（1964）は副詞の辞書的意味を持つ一方，副詞そ
のものの本来の機能および規則の一般化に欠けているといえよ
う。

　Quirk et al.（1985: 566–647）は副詞類（adverbial）の機能を，
付加詞（adjunct），従接詞（subjunct），離接詞（disjunct）そして
合接詞（conjunct）に分ける。離接詞と合接詞は文に対して，周
辺的であるのに対して，付加詞と従接詞は節の中に統合された要
素であると言える。従接詞は付加詞と比べて，節中での働きは選
択的である。Sherlock Holmes に見られる -ly 副詞の多くは従接
詞（subjunct）の下位分類や離接詞（disjunct）に分類されるもの
である。clearly, surely, evidently などは Quirk et al.（1985:
620）のいうところの内容離接詞（content disjunct）に属する。

　Sherlock Holmes に現れる -ly 副詞の多くは，上に述べたよう
に従接詞に属するものであり，その中で強意語（emphasizer）お
よび強調語（intensifier）に属するものが最も多い。前者に属す
るものとして，actually, certainly, clearly, plainly, really,
surely など。後者に属するものとして，absolutely, entirely,
extremely, bitterly, deeply, enormously などの誇張詞（ampli-
fier）や hardly, partly, nearly, practically などの緩和語

78

(downtoner) がある。なお，誇張詞および緩和語は強調語の下
位分類である。


## 3. 例と考察

-ly 副詞の中で最も頻度が高い順にいくつかを示すと，以下の
通りである。

1) certainly

2) hardly

3) really

4) suddenly

5) exactly

6) surely

7) possibly

8) clearly

9) finally

10) entirely

11) evidently

12) absolutely

13) slowly

14) nearly

15) probably

16) perfectly

17) carefully

18) easily

第 10 章　副詞　　79

19)　actually

20)　fairly

(1)　"… for he is a man of immense strength, and *absolutely* uncontrollable in his anger."

(The Specled Band: 260)

(「というのも，彼はとてつもなく強くて，怒り出すとまったく抑えが利かないのです」)

(2)　"And over here is what appears to be the fragment of a hotel bill, which interests you *deeply*."

(The Noble Bachelor: 296)

(「ここにホテルの請求書とおぼしき紙切れがあり，これが私にはとても興味があるのです」)

(3)　"So much so," I remarked, "that of the last six cases which I have added to my notes, there have been *entirely* free of legal crime."　　(The Blue Carbuncle: 245)

(「そういうわけで」と私は言った。「私がノートに加えた最近の6つの事件のうち，三つは法的犯罪とはまったく無縁なものだ」)

(4)　Two lines of footmarks were *clearly* marked along the farther end of the path …　　(The Final Problem: 479)

(二つの線の足跡が小路のはるか向こうの端に沿ってはっきり記されていた)

　副詞は位置により，合接詞になったり，従接詞になったりするものがある。一例として，'possibly' がある。

80

(5)  "It might *possibly* be inconvenient to me if you could find your way there again."  (The Greek Interpreter: 439)

(「帰り道を見つけられたら，私としてはたぶん困ることになるでしょう」)

(6)  "Do you think that was done last night?  It looks rather old, does it not?"  "Well, *possibly* so."

(The Naval Treaty: 462)

(「これは昨夜なされたとお考えですか」「それは古そうに見えますがね」「ええと，その可能性はあるでしょう」)

## 4.  反応詞

この中で，いわゆる反応詞（response）にも使われるものも多く，特に certainly, hardly, really, exactly, surely, absolutely, perfectly などは反応詞としてよく使われる（Quirk et al. (1985: 628 Note), Biber et al. (1999: 551)）。

(7)  "Yes, to-day."  She stood smiling.  Holding up a little slip of paper in the air.

"May I see it?"

"*Certainly*"          (The Man with the Twisted Lip: 238)

(「ええ，今日です」彼女は，小さな紙切れを空中にかざしながら，笑って立っていた。「見せてもらえますか」「もちろんです」)

(8)  "Of course, he must confirm your engagement, but between ourselves it will be all right."  "*Really*, I hardly

第 10 章　副詞　　81

know how to express my gratitude, Mr. Pinner." I said.

(The Stock-Broker's Clerk: 366)

(「もちろん，彼にはあなたとの約束を確認させますが，ここだ
けの話，大丈夫ですよ」「まったく何とお礼を言っていいのか
分かりません，ピナーさん」と私は言った)

(9)　"What did you think of him?"

"A pathetic, futile, broken creature."

"*Exactly*, Watson.　Pathetic and futile."

(The Retired Colourman: 1113)

(「彼をどう思うかね」「哀れな，どうしようもない，打ちひし
がれた奴だ」「そのとおりだよ，ワトソン。哀れで，どうしよ
うもない」)

(10)　"But who is he?"

"*Surely* it would not be difficult to find out."

(The Boscombe Valley Mystery: 213)

(「彼は誰なんだい」「確かに，見つけ出すのにそれほど難しく
ないだろう」)

(11)　"Could we not get a warrant and legalize it?"

"*Hardly* on the edidence."

(The Bruce-Partington Plans: 926)

(「逮捕状をもらって，合法化できないかね」「それだけの証拠
ではほとんど駄目だね」)

上述した -ly 副詞以外にもよく使われる反応詞の例を以下に上
げる。最も多いのは，'quite so' である。

(12)　"No, but this horrible man confessed to having been

there, and the lascar was at the foot of the stairs."

"*Quite so.* Your husband, as far as you could see, had his ordinary clothes on?"

(The Man with the Twisted Lip: 239)

(「いいえ，でもこの恐ろしい男はそこにいたことを白状しました。そしてインド人水夫は階段の下のところにいました」「まったくそのとおり。あなたの夫は見る限り，普通の服を着ていましたか」)

(13)　"No. If she can come to Winchester to meet us she can get away." "*Quite so.* She has her freedom."

(The Copper Beeches: 323)

(「いいえ。彼女がわれわれに会いにウィンチェスターに来たとしても，逃げてしまうことはありますね」「まったくそのとおりです。それは彼女の自由ですから」)

(14)　"I can see nothing," said I, handing it back to your friend.

"*On the contrary*, Watson, you can see everything …"

(The Blue Carbuncle: 246)

(「何も見えない」と私は言って，それを友人に渡した。「逆だよ，ワトソン，君には何もかも見えてるよ」)

(15)　"Then I suggest that we turn our dinner into a supper and follow up this clue while it is hot."

"*By all means.*"　　　　　(The Blue Carbuncle: 251)

(「それじゃ夕食を夜食に変えて，温かいうちにこの手がかりを追うとするか」「ぜひそうしたいね」)

(16)　"It is probable that he will be away all day, and that

第10章　副詞　83

there would be nothing to disturb you. We have a
housekeeper now, but she is old and foolish, and I
could easily get her out of the way."

"*Excellent.* You are not averse to this trip, Watson?"

(The Specled Band: 263)

(「彼は1日中いないようです。ですから邪魔になるようなもの
は何もありません。家政婦がいますが，年とっていますし，お
馬鹿ですから，彼女をどこかに追いやるのは簡単です」「それ
はいい。ワトソン，この旅行はいやじゃないだろうね」)

## 第 11 章　虚辞的間投詞と強調詞

### 1.　はじめに

Sherlock Holmes には実に多くの間投詞や強調詞が使われており，その内容は驚き，喜び，怒り，失望など多岐にわたっており，登場人物の直接的な気持ちの表れを示していて興味深い。

### 2.　先行研究

Quirk et al. (1985: 1418) では，wh 疑問詞のテーマが虚辞詞により増幅されるとして，次のような例をあげている。

| Who | on earth |
|---|---|
| What | in heaven |
| Where | (in) the hell |
| When | the blazes |
| Why | in the world |
| How | in God's name |

第 11 章　虚辞的間投詞と強調詞　　85

また，次例も参照。

(a)　Who *on earth* opened my letter?
　　　（一体全体誰が私の手紙を開けたのだ）
(b)　Who *the hell* are you?　（君は一体誰なのだ）
(c)　What *in heaven's name* do you think you're doing?
　　　（何をやっているのか君はどう考えているのだ）

　なお，これらの句を Quirk et al.（1985: 852, 1418）は虚辞
（expletive）と呼んでいる。

　Sinclair（1990: 432）は感嘆詞として，good gracious, good
heavens などをあげている。

　Biber et al.（1999: 1082–1099）は挿入句（insert）を次のよう
に分けている。

(a)　感嘆詞：oh
(b)　挨拶や別れの語句：hellow, bye-bye
(c)　談話標識：well
(d)　注意を向けさせる語句：hey
(e)　種々の反応詞：okay?, yeah
(f)　逡巡詞（hesitator）: uh
(g)　種々の丁寧形式：please, thank you
(h)　間投詞
　(i)　タブー間投詞：Damn!
　(ii)　婉曲的間投詞：Heavens!

本章で扱うのは，（h-ii）のタイプである。

## 3. 虚辞的間投詞

'by Jove' が最も多く，次いで 'good heavens', 'for God's sake', 'by George' などである。

> (1) "*By Jove!*" I said; "if he really wants someone to share the rooms and expense, I am the very man for him."
> (A Study in Scarlet: 16)
>
> (「本当に」と私は言った。「もし彼が部屋や費用を分け合う人を実際必要としているなら，私こそうってつけだ」)

OED (*s.v. Jove*) によると，1. a. A poetical equivalent of *Jupiter*, name of the highest deity of the ancient Romans, b. Colloquially used in the asseveration *by Jove* とあり，例としては 1575 年から載っている。

> (2) "*Good heavens!* I thought it was Wednesday. It is Wednesday. What d'you want to frighten the chap for?"
> (The Man with the Twisted Lip: 231)
>
> (「ああ，水曜日だと思った。水曜日だ。奴をどうやって脅かしたいのか」)

OED (*s.v. heaven, sb.*) には，6. d. In exclamations expressing surprise, horror, etc. (Also in *pl.*). Often with qualifications, as *good, gracious, great.* 'Good heavens' の例は 1752 年からある。

> (3) "Look at this—a sheet from a notebook, with '*For*

第11章　虚辞的間投詞と強調詞　　87

*God's sake* come at once, P. T.,' crawled upon it in
pencil."　　　　　　　　　　(The Resident Patient: 431)
(「『後生だからすぐ来てくれ P. T.』と鉛筆でなぐり書きで書か
れたノートの切れ端をみてくれ」)

OED (*s.v god*) には，11. In earnest appeals or exhortations,
as *for God's sake*; *for God's love*; *in* (also + *a*, *o*') God's name;
+ *on* or *a God's half*.　例としては 1583 年からある。

(4)　"*By George*, it's marvelous!" cried Hopkins, in an ec-
stasy of admiration.　　　　　(The Golden Pince-Nez: 613)
(「ああ，すばらしい」と感極まって，ホプキンは叫んだ)

OED (*s.v. George*) には，6.a. *by George* (earlier † *before,
for, fore George*): used as a mild oath, or as a mere exclama-
tion. Also simply *George!*　例としては 1731 年の Fielding の例
が載っている。

(5)　"*My God!*" he cried.　"What can be the meaning of
this?"　　　　　　　　　　　　　(The Yellow Face: 361)
(「ああ」彼は叫んだ。「これは何の意味だ」)

OED (*s.v. god*) には，7. The vocative, as ah God, oh God,
my God, good God, etc. is used to express strong feeling or
excitement.　1812 年の例がある。

(6)　"*Thank God!*" I ejaculated from my very heart.

(The Sign of Four: 143)

(「ありがたい」と私は心から叫んだ)

88

OED (*s.v. god*) には，9.e. *thank God*; *God be thanked, praised.* 1753 年の例がある。

(7) For the first time the old man stirred. "*God bless you*, Anna!" he cried. (The Golden Pince-Nez: 619)

（初めて老人は心を動かし，「ああかわいそうに，アン」と彼は叫んだ）

(8) "'Ah!' cried Mr. Trevor. 'you know where Mr. Beddoes is?'

"'*Bless you*, sir, I know where all my old friends are …'" (The "Gloria Scott": 377)

（「『ああ』トレヴォールさんは叫んだ。『ベッドウズさんがどこにいるか君は知っているか』『はい，私の古い友人がどこにいるか知っています』」)

OED (*s.v. god*) には，8. In phrases expressive of a strong wish, chiefly for the benefit or injury of some person, as *God bless you, damn, help, preserve, save, +shield, +speed, +yield* (you, him, etc.)．さらに，OED (s.v. bless, v.[1]) には，9. In exclamatory invocation and ejaculations of surprise, b. (*God*) *bless you!* 1872 年の例がある。

(9) "*By heavens*, Holmes," I said, half rising, "I believe that they are really after us." (The Sign of Four: 126)

（「必ず，ホームズ」私は半分立ち上がって言った。「彼らは実際われわれを追いかけていると思う」)

OED (*s.v. heaven, sb.*) には，6.c. In asserverations: by（+

*through, before, 'fore*） heaven，（*heavens*）．1400 年からの例が
ある。

　その他，*Good Lord，by the Lord* などもある。


## 4. 強調詞

　最も多いのが，'on earth' で，次いで 'the deuce'，'by（in）
thunder'，'the devil' などとなっている。

（10）　"What *on earth* does this mean?"

(A Scandal in Bohemia: 178)

　　　　（「一体全体これはどんな意味なのだ」）

（11）　"What *the deuce* is it to me?" he interrupted impa-
tiently: "you say that we go round the sun."

(A Study in Scarlet: 21)

　　　　（「それが私にどうだというのだ」彼は腹立たしげに遮った。「君
はわれわれが太陽の周りを回っているとでも言うのか」）


OED（*s.v. deuce*[2]）には，a. Bad luck, plague, mischief; in
imprecations and exclamations, as *a deuce on him! A deuce of
his cane!* b. The personification or spirit of mischief, the devil.
Originally, in exclamatory and interjectional phrases; often as a
mere expression of impatience and emphasis: as *what the*（+
*what a*）*deuce?*　1757 年の Smollett の例が載っている。

　（12）　"How *in thunder* came you to know anything about
it?" he asked.　　　　　　　(The Valley of Fear: 810)

（「一体全体どうしてこのことについて知るようになったのか
ね」と彼は尋ねた）

(13) "Don't you see now whence these words have been
taken?"

"*By thunder,* you're right!  Well, if that isn't smart!"
cried Sir Henry.　　　(The Hound of the Baskervilles: 686)

（「これらの語がどこからとられたか分かるかね」「まったくそ
うだ。ああ、気が利いているとは言えないが」とヘンリー卿は
叫んだ）

OED (*s.v. thunder,* sb.) には，4. slang or colloq. Used
vaguely in exclamations, imprecations, and expletive or inten-
sive phrases.　1841 年からの例がある。

(14) "What *the devil* are you waiting for?  Ring up the po-
lice!"　　　　　　　　　　(The Blanched Soldier: 1008)

（「一体君は何を待っているのだ。警察に電話しろ」）

(15) "How *in the world* did you come here?" he asked in
amazement.　　　　　　(The Blanched Soldier: 1010)

（「一体全体どうしてここに来たのかね」と彼は驚いて尋ねた）

(16) "What *the hell* is it to you who are my friends?"
roared McMundo ...　　　　(The Valley of Fear: 818)

（「君たち友達に一体どうだというのだ」マックムンドウは吠え
た）

なお，上記にあげた間投詞や強調詞の中で，'what the deuce',
'how in [by] thunder', 'by the Lord' は現在ほとんど聞かれな

い。また 'by George', 'by heavens' は普通でなく，ときどき聞かれる程度である（Ian Littlewood 氏（Ph.D. Sussex 大元講師）との私信による）。

## 第 12 章　前置詞 + 名詞句

### 1.　はじめに

Sherlock Holmes の英語において，'be + of + NP' がよく使われる。また，人物描写にも 'a man of / with NP' という形がよく使われる。

### 2.　先行研究

Curme (1959: 35) は次のように述べている：

After the verbs, *be*, *become*, *seem*, *feel*, a predicate genitive is used to express several ideas also found in the attributive genitive, namely, characteristic, origin, possession, material …

(be, become, seem, feel などの動詞のあとでは，述部的属格が使われるとき，限定属格にも見られるようないくつかの意味を表す，

92

第 12 章　前置詞＋名詞句　　93

すなわち，特徴，期限，所有，材質などである）

また OED（s.v. *of.* 38.a.）は "Indicating a quality possessed by the subject" と述べ，次のように解説している：

> The quality is usually expressed by a. sub. qualified by an adj., but may consist of a sub. alone, as in 'a man of tact' ＝a tactful man, 'a work of authority' ＝an authoritative work; 'a flag of three colours' ＝a tricolor flag; 'a people of many languages' ＝a polyglot people
>
> （その特性は形容詞により修飾される名詞により通常表されるが，名詞のみで構成されることもある：'a man of tact'（如才ない男），'a work of authority（権威ある作品），'a flag of three colours'（三色旗），'a people of many langauges'（多言語を話す国民））

Quirk et al.（1985: 704）は次のような例において，'of' は抽象的属性に使われ，'with' は具体的属性に使われると述べている。

(a)　a pianist of great talent（才能のあるピアニスト）

(b)　a man with a red nose（赤い鼻の男）

(c)　a woman $\left\{ \begin{array}{c} \text{of} \\ \text{with} \end{array} \right\}$ strong feelings [abstract]

　　（強い感情の女）

(d)　a woman $\left\{ \begin{array}{c} \text{?of} \\ \text{with} \end{array} \right\}$ strong hands [concrete]

　　（たくましい手の女）

## 3. 例

### 3.1. Be + of NP

最も多いのは 'of importance' で，次いで 'of use', 'of interest' である。その他 'of help' や 'of disposition' などがある。

(1) "... at the end of that time the matter will be *of no importance*." (A Scandal in Bohemia: 164)

（「その時が終わった頃，事件は重要なものにならないだろう」）

(2) "... I have no doubt that he will be *of the utmost use* to me in yours also." (The Red-Headed League: 176)

（「彼は私にとってもあなたにとっても役に立つことは疑いない」）

(3) "... even the smallest problems are *of interest* to me." (The Blue Carbuncle: 246)

（「たとえつまらない問題でも私には興味がある」）

(4) "... as her presence could be *of no help* to them in their investigations." (The Man with the Twisted Lip: 236)

（「彼女の存在は彼らの捜査には何ら役に立たなかった」）

(5) In the last century, however, four successive heirs were *of a dissolute and wasteful disposition* ...

(The Speckled Band: 259)

（しかし前世紀には続く4人の財産継承者は優柔不断で，浪費家の性格だった）

(6) ... she is still *of a striking and queenly appearance*.

(The Crooked Man: 413)

第 12 章　前置詞＋名詞句　　95

（彼女はいまだに際立って威厳のある容姿だった）

(7)　"However, I guess your time is *of value* …"

(The Three Garridebs: 1045)

（「しかしあなたの時間は貴重だと思います」）

(8)　"They seem to be *of a curiously mixed character*."

(Shoscombe Old Place: 1108)

（「彼らは奇妙に混ざった性格のようです」）

## 3.2.　A man / woman＋of NP

(9)　The third applicant was *a man of remarkable appear-ance*. (Black Peter: 569)

（3 番目の応募者は際立った容姿の男だった）

(10)　"… who wheels the Bath chair, is an army pensioner —*an old Crimean man of excellent character*."

(The Golden Pince-Nez: 609)

（「バース椅子を押している人は軍人恩給者で——素晴らしい性格の老いたクリミア人です」）

(11)　"The man himself. I had hardly expected this. Grasp the nettle, Watson! *A man of nerve*."

(The Mazarin Stone: 1015)

（「彼自身だ。自分で来るなんてほとんど期待しなかったけどね。恐れることはないよ，ワトソン。強健な男だ」）

(12)　He was *a man of habits*, narrow and concentrated habits, and I had become one of them.

(The Creeping Man: 1071)

（彼は癖のある男で，心が狭くて，熱中する癖があるが，私も
そういう人間になっていた）

(13) He was clearly a professional acrobat, *a man of magnificent physique* ...　　　　　　(The Veiled Lodger: 1099)
（彼は明らかに専門的な曲芸師で，素晴らしい体格の男だ）

上記の例のように，'of' の後の名詞（句）はほとんど無冠詞で
あるが，形容詞修飾を伴うと不定冠詞が付くようである。

(14) Mr. Soames was a tall, spare man, *of a nervous and excitable temperament.*　　　　(The Three Students: 596)
（ソームズ氏は背の高い，やせた男で，神経質で，興奮しやす
いたちだ）

(15) I could see no marks to guide me, but the carpet was *of a dun colour* ...　　　　(The Golden Pince-Nez: 621)
（手がかりになるようなしるしは見られなかったが，カーペッ
トは焦げ茶色だった）

(16) Our new visitor, a bright, handsome girl *of a conventional type*, smiled back at Holmes ...

(The Creeping Man: 1075)

（われわれの新しい訪問者は伝統的タイプの，明るく美しい少
女で，ホームズに笑みを返した）

## 3.3.　A man / woman + with NP

'of NP' に対して，'with NP' はほとんどの場合，不定冠詞が
付き，'face' や 'eye' などの顔（の一部）の描写が多く，'of NP'
と共に使われることもある。

(17) He was a long chap, *with a red face* …

(A Study in Scarlet: 35)

（彼は背の高い奴で，赤ら顔だった）

(18) She is what we call in England, a tomboy, *with a strong nature,* wild and free, unfettered by any sort of tradition. (The Noble Bachelor: 292)

（彼女は英国で言えば，いわばおてんば娘で，強い性格，自由奔放で，どんな伝統にもとらわれなかった）

Cf.

(19) My wife had always been a woman *of a frank, open nature* … (The Yellow Face: 355)

（私の妻は率直で，開けっぴろげの性格だった）

(20) In he walked, a middle-sized, dark-haired, dark-eyed, black-bearded man, *with a touch of the sheeny about his nose*. (The Stock-Broker's Clerk: 365)

（入ってきた男は，中背の黒い髪で，黒い目で，黒い髭の男で，鼻の辺が少し光っていた）

(21) Charles Augustus Milverton was a man of fifty, *with a large, intellectual head, a round, plump, hairless face, a perpetual frozen smile, and two keen gray eyes* …

(Charles Augustus Milverton: 573)

（チャールズ・オーガスタス・ミルヴァートンは50歳で，大きな，知的な頭を持ち，肉付きのいい，毛のない顔で，絶えず凍った笑みを浮かべ，二つの鋭い，灰色の目を持っていた）

(22) He was *a man of little culture*, but *with a considerable amount of rude strength*, both physically and mentally.

98

(The "Gloria Scott": 375)

(彼はほとんど教養のない男だが，肉体的，精神的にかなりの
量のたくましい力を持っていた)

### 3.4. Be＋前置詞句

Sherlock Holmes において，このパターンはきわめて多く，
進行形の代用をしていたとも考えられる (cf. Bolinger (1971))。
最もよく使われる前置詞は on で，次いで at, in である。

(23)  I *was on the point of* asking him what that work might
be, but something in his manner showed me that the
question would be an unwelcome one.

(A Study in Scarlet: 21)

(その仕事とは何なのか彼に質問しようとしたが，彼の態度か
らその質問は歓迎されないようだった)

(24)  "I *am at a loss* to know now why you did not adver-
tise."                    (The Blue Carbuncle: 250)

(「なぜ広告を出さないのか知って困っています」)

(25)  "Apoplexy.  Nervous shock.  He's *been on the verge*
all day."                 (The "Gloria Scott": 377)

(「卒中です。神経的ショックです。彼は 1 日中倒れる寸前でし
た」)

(26)  "I wish to heavens that you would, Mr. Holmes.  It is
my first big chance, and I *am at my wit's end.*"

(Black Peter: 560)

(「ホームズさん，ぜひ調べてください。私の最初の大きなチャ

第 12 章　前置詞＋名詞句　99

ンスで，私は途方に暮れています」)

(27) When ... Wilcox had been shot at from ambuscade, it
was an open secret that McMurdo *was* still *at wok*
upon his unfinished job. 　　　(The Valley of Fear: 853)
(ウィルコックが待ち伏せで射殺された時，マックムルドは終
わっていない仕事をまだしていたというのは公然の秘密でし
た)

# 第 13 章　個別化表現

## 1.　はじめに

Sherlock Holmes の英語では，「a + 名詞 + of」のパターンが多く使われている。これは Jespersen の言うところの個別化 (individualization) 表現，あるいは，分類詞 (classifier) (cf. Allan (1977)) と呼ばれるものである。以下に見られるように，これらの分類詞は共に使われる名詞の特徴を際立たせる働きを持っており，その名詞に応じた分類詞が選ばれる。

## 2.　先行研究

Quirk et al. (1985: 249–250) には，部分構文 (partitive construction) として，次のような種類をあげている。

(a)　数えられない名詞の量を示す： a piece of cake, a blade of grass, a drop of water

第 13 章　個別化表現　　101

(b)　数えられる複数名詞：a (large) crowd of people

(c)　数えられる単数名詞：a piece of a loaf

Sinclair (1990: 110–113) は次のような種類をあげている。

(a)　不可算名詞とともに使われる部分詞 (partitive)：
amount of, bit of, drop of

(b)　不可算名詞および複数名詞とともに使われる部分詞：
heap of, mass of, pile of

(c)　ある量の形状を示す部分詞：a ball of wool, columns of smoke

(d)　形状や動きを示す部分詞：jet of water, stream of children

(e)　集合を示す部分詞：a group of journalists, a bunch of flowers

(f)　尺度を示す部分詞：a pint of milk, three pounds of strawberries

Biber et al. (1999: 250–255) にも同様な例があげられている。また Jespersen (1961, II.: 125–131) はこの構文を個別化 (individualization) と呼び，種々の例をあげている：a useful piece of furniture, a stroke of civility, the most interesting item of information など。

以下例をあげる。最も多いのは 'a cry of' であり，次いで 'a bit of' である。

## 3. 例

(1)   ... she gave *a cry of* hope which sank into a groan ...

(The Man with the Twisted Lip: 237)

（彼女は希望の叫び声をあげたが，それはうめきに変わっていった）

(2)   The man gave *a hoarse cry of* grief, which rang through the house.   (The Dancing Men: 524)

（男はかすれ声で悲しみの叫びをあげた，それは家中鳴り響いた）

(3)   We had risen to depart when Baskerville gave *a cry of* triumph ...   (The Hound of the Baskervilles: 696)

（われわれが起きて出発しようとした時，バスカーヴィルは勝利の叫びをあげた）

(4)   We have had our eyes upon this Mr. Milverton for some time, and, between ourselves, he was *a bit of* a villain.   (Charles Augustus Milverton: 582)

（われわれはこのミルヴァートン氏にしばらく注目した。そして，ここだけの話だが，彼は少し悪党だった）

(5)   This also was opened, and led down *a flight of* winding stone steps ...   (The Red-Headed League: 187)

（ここを開けると，くねくねした石の階段へと続いた）

(6)   From the front window upon the left of the door there peeped *a glimmer of* a feeble light.

(Wisteria Lodge: 877)

（ドアの左手の正面の窓から，一条の弱い明かりが垣間見えた）

第13章　個別化表現　　103

(7) … and finally he broke out into *a loud crow of* delight. (The Sign of Four: 112)

（そしてついに彼は突然，声高に喜びの声をあげた）

(8) "What beats me is the utter want of all object in the crime. Not *a ghost of* a motive can anyone suggest."

(The Golden Pince-Nez: 613)

（「分からないのは犯罪にはまったく目的がないことだ。これぽっちの動機もないのですからね」）

(9) He slapped me on the shoulder with *a sudden burst of* hilarity. (The Bruce-Partington Plans: 925)

（彼は突然陽気になって，肩をたたいた）

(10) She broke into *a ripple of* laughter and walked to the fireplace. (The Three Gables: 1032)

（彼女は突然さざめくような笑い声をあげて，暖炉のところに歩いていった）

(11) "I was wondering, Watson, what on earth could be the object of this man in telling us such *a rigmarole of* lies." (The Three Garridebs: 1047)

（「そんな長々と嘘を言うこの男の目的は一体全体何なんだろうね，ワトソン」）

(12) There was *a world of* sarcasm in his voice as he spoke. (A Study in Scarlet: 32)

（彼が話した時，声に多分に皮肉が込められていた）

(13) I could see that he was a reserved, self-contained man, with *a dash of* pride in his nature …

(The Yellow Face: 353)

（彼は控えめで，自制的な男で，性格上多少の誇りを持っていたことが分かった）

(14) There has never been *a breath of* scandal.

(The Creeping Man: 1072)

（何らのスキャンダルも決してなかった）

(15) … we did actually use our fishing tackle in the mill-stream, with the result that we had *a dish of* trout for our supper.　　(Shoscombe Old Place: 1109)

（われわれは用水路で実際釣具を使って釣りをし，その結果夜食用に一皿分のますを得た）

なお，‘a bit of’を文法化・構文化の観点から研究した Traugott (2010) や *Old Bailey Corpus* (1720s-1913) に基づいて ‘bit’ を分析した Claridge and Kytö (2014) などがある。

# 第14章　挿入詞

## 1.　はじめに

　物語の性質上，Sherlock Holmes の英語は，'I think', 'I presume' のような，特に思考・認知動詞，が「一人称主語＋現在形動詞」の形で多く使われている。本章では，秋元（2011）と重複しない程度に，これらの挿入詞およびそれらの拡大パターンについて考察する。

## 2.　先行研究

　主なものとしては，Urmson（1966 [1952]），Quirk et al.（1985: 1112–1118），Biber et al.（1999: 137–138, 1067–68），Dixon（2005），Dehé and Kavalova（2007），Brinton（2008），秋元（2010, 2011），Van Bogaert（2010）などがある。'I'm afraid' に関しては Tissari（2007）や Mazzon（2012）の研究がある。なお，これらのコメントに関しては，秋元（2014: 283–

284）参照。

挿入詞の働きに関して，Dehé and Kavalova (2007: 1-22) は
次のように述べている。

挿入詞は典型的には修飾の働きをする。すなわち，今なされ
ている会話の内容に付け加えたり，コメントすることであ
る。また挿入詞は発話の内容に対する話者の態度，あるいは
話者の是認の度合いといったものを伝えるものである。

Sherlock Holmes において使われている「一人称主語＋現在形
動詞」パタンの挿入詞を多い順に並べると以下のようになる（頻
度に関しては秋元 (2011) も参照）。

I think, I suppose, I fear, I believe, I confess, I know, I
fancy, I guess, I understand, I hope, I see, I trust, I pre-
sume, I beg, I remember

秋元 (2010: 147) は FLOB コーパスを基に，I think, I know,
I suppose, I believe, I guess の頻度順をあげている。Van
Bogaert (2010: 102) も BNC の話し言葉のデータを基に，頻度
順に I think, I suppose, I believe, I understand, I expect, I
reckon, I imagine, I realize, I guess をあげている。


## 3. 例

(1) "It is, *I am afraid,* not very encouraging to his sup-
porters, though there are one or two points in it which
are suggestive."　　　(The Boscombe Valley Mystery: 205)

（「残念ですが，これは彼の支持者にはそれほど勇気づけるもの
ではありませんが，もっとも示唆的な点は一つ，二つあります
が」）

(2) "One moment," Holmes interposed, "your statement is,
*I foresee*, one of the most remarkable to which I have
ever listened."                    (The Five Orange Pips: 221)
（「ちょっと待ってくれ」ホームズは口を挟んだ。「君の陳述は
今まで聞いた中で最も注目に値するものになるだろうね」）

(3) "It arrived upon Christmas morning, in company with
a good fat goose, which is, *I have no doubt,* roasting
at this moment in front of Peter's fire"

                                       (The Blue Carbuncle: 245)
（「それ（帽子）はクリスマスの朝，十分太ったガチョウと一緒
に来たが，そのガチョウは疑いもなく，その時点でピータソン
の暖炉の前で焼かれているよ」）

(4) "You will excuse my troubling you, *I am sure*," said
she …                          (The Copper Beeches: 318)
（「あなたに迷惑をかけている点をおゆるしください」と彼女は
言った）

(5) "The police imagine, *I take it*, that this Fitzroy Simp-
son, having drugged the lad …"        (Silver Blaze: 339)
（「このフィッツロイ・シンプソンが若者に薬物を飲ませて … と
警察は想像していると私は考えています」）

一人称以外の例は以下の通りである。

(6) "You didn't get away from us so easily, *you see*."

108

(The Sign of Four: 133)

（「そう簡単には逃げられなかったろう」）

(7) "Yes, sir. *I am afraid that* I am a little late, but I am not quite my own master, *you know*."

(A Case of Identity: 199)

（「ええ，少し遅れたのではないかと思いますが，思いどおりにはいきませんからね」）

(8) "To give me a true account of all that happened at the Abbey Grange last night—a true account, *mind you*, with nothing added and nothing taken off."

(The Missing Three-Quarter: 648)

（「アビー・グレインジで昨夜起こったことのすべてを忠実に説明してもらうには，いいですか，何も加えたり，減らしたりしないということです」）

(9) "His name, *it appears*, was Fitzroy Simpson."

(Silver Blaze: 339)

（「彼の名前はフィツロイ・シンプソンであるようにように思える」）

(10) "He had, *it seems*, no suspicion of an intrigue."

(The Retired Colourman: 1115)

（「彼は陰謀に何ら疑いを持っていなかったようだ」）

このうち (3) の挿入詞は合成述語で，(5) の 'I take it' は Sherlock Holmes では割合多い。(8) の 'mind you' も現代英語ではそれほど多くないと思われる。OALD によると，"(informal) used to add sth to what you have just said, especially sth that

第14章　挿入詞　　109

makes it less strong" と説明されている。

## 4.　As 構文

as を最も多く伴うのは 'I understand' である。次例参照。

(11)　"Quite so; at the golden-mines, where *as I understand*,
　　　Mr.Turner made his money."

　　　　　　　　　　　　　　　(The Boscombe Valley Mystery: 208)

　　　（「まったくそうだ。金脈で，私の理解しているところでは，
　　　ターナーさんは金を儲けた」）

次例は understand が 'it' を取っている例である。

(12)　"This unhappy body, *as I understand it*, has appeared
　　　to assault both the children …"

　　　　　　　　　　　　　　　　　(The Sussex Vampire: 1038)

　　　（「この不幸な死体は，私が理解する限り，2 人の子供を襲った
　　　ようだ」）

次例は 'as far as' の例である。

(13)　"My name," said he, "is John Openshow, but my own
　　　affairs have, *as far as I can understand*, little to do
　　　with this awful business."　　(The Five Orange Pips: 219)

　　　（「私の名前は」と彼は言った。「ジョン・オープンショウです
　　　が，私が理解する範囲では，私自身の件はこの恐ろしい仕事と
　　　はほとんど関係ありません」）

OED (s.v. *understand*, v.) には 'understand' に関して，12.a.
In parenthetical use (chiefly *I understand*): To believe or assume,
on account of information received or by inference. とある。

(14) "His message, *as I remember*, was full of kindness
and love."                                         (The Sign of Four: 94)
(「彼のメッセージは，私が覚えている限り，親切と愛情にあふ
れていた」)

(15) "He and two mates, are, *as I learn*, the only native-
born Americans in the ship." (The Five Orange Pips: 229)
(「彼と 2 人の仲間は，知ったのですが，船での唯一の生え抜き
のアメリカ人です」)

(16) "If, on the other hand, *as I fancy* is more likely, the
inmates were warned of your coming ..."

(The Yellow Face: 358)
(「一方で，私が想像するに，そのほうがもっとありうることだ
が，同居人はあなたの来ることを警告されたのなら ...」)

(17) "It could not have fallen from above, for these, *as you
see*, are all blank walls."

(The Bruce-Partington Plans: 919)
(「それは上から落ちてくることはないのです。と言いますのも，
お分かりのように，これらはすべてのっぺりした壁なのですか
ら」)

(18) Holmes ... began talking, rather to himself, *as it
seemed*, than to us.                    (A Case of Identity: 200)
(「ホームズはわれわれにというより自分自身に話し始めたよう

第 14 章　挿入詞　　111

に思えた)

(19)　"The singular incident made, *as you may think*, the
　　　 deepest impression upon me."

(The Five Orange Pips: 220)

　　　(「この奇妙な出来事はあなたもそう思うでしょうが，最も強い
　　　 印象を私に与えました」)

(20)　He had, *as it appears*, been returning from Fareham in
　　　 the twilight.　　　　　　　　(The Five Orange Pips: 222)

　　　(彼はファーラムからたそがれ時に帰ってきたように見えた)


## 5.　I'm/am sure，I assure you および I have no doubt

Sherlock Holmes において，挿入詞 'I'm/am sure' のバリエー
ションが共存して使われている。すなわち，'I'm/am sure
that', 'I'm/am sure ∅', 'I'm/am sure', 'I'm/am sure of' で，
文頭のみならず，文中，文末において使われる。

(21)　"*I am sure*, Mr. Holmes, *that* we are very much in-
　　　 debted to you for having cleared the matter up."

(The Man with the Twisted Lip: 244)

　　　(「事件を解決してくれて，あなたに大変感謝しています，ホー
　　　 ムズさん，本当ですよ」)

(22)　"*I am sure* we owe you an apology, Mrs. Toller," said
　　　 Holmes …　　　　　　　　　(The Copper Beeches: 332)

　　　(「トラーさん，あなたに謝罪しなければならないと思っていま
　　　 す」とホームズは言った)

112

(23)　"Inspector Bradstreet would, *I am sure*, make notes upon anything which you might tell us …"

(The Man with the Twisted Lip: 242)

(「ブラッドストリート警部があなたがわれわれに話してくれることを何でも書き取ってくれると思いますよ」)

(24)　"I think we gain a little," said Jones with his eyes on the Aurora. "*I am sure of* it," said I.

(The Sign of Four: 138)

(「少し追いついたと思いますよ」とオーロラ号に目を向けながらジョーンズは言った。「それは確かです」と私は言った)

'I assure you' は「保証する，請け合う」という意味の挿入詞で，'I am sure' 同様，that 節を取ることもあり，取らないこともある。また，位置も文頭だけでなく，文中や文末に現れる。現代英語ではあまり出てこないようである。

(25)　"*I assure you*, Holmes, *that* I marvel at the means by which you obtain your results in this case…"

(The Sign of Four: 119)

(「確かに，ホームズ，君が事件の結果を得る手段には驚嘆するよ」)

(26)　*I assure you* my cheeks flushed at the very thought.

(The Hound of the Baskervilles: 718)

(このことを考えただけでも確かに顔が赤くなったよ)

(27)　"The surprise was not all one side, *I assure you*."

(The Hound of the Baskervilles: 740)

(「驚きはまったく一方的というわけではないんだよ」)

'I have no doubt' は合成述語であるが，このパターンもバリエーションが併存して使われている。

(28) "Ah, that was a more daring shot, though *I have no doubt that* I was right." (A Study in Scarlet: 33)
（「ああ，それはもっと大胆な推量だね。ただし，私が正しかったことは疑いないがね」）

(29) "*I have no doubt* the connection between my boots and a Turkish bath is a perfectly self-evident one to a logical mind …"

(The Disapperance of Lady Frances Carfax: 942)
（「私の靴とトルコ風呂との関係は論理的思考の持ち主にはまったく自明であることは疑いない」）

(30) "So she is ready for you and, *I have no doubt*, would give you an appointment ..." (The Illustrious Client: 989)
（「そこで彼女は君に会う用意があり，疑いもなく君との約束を取り付けるだろう」）

(31) "There are a good many other points of detail which will, *no doubt*, come to light in good time."

(His Last Bow: 979)
（「細い点でいろいろあるが，それらはしかるべき時に明るみに出るだろうよ」）

(32) "Of course I never *doubted* for a moment *that* my first duty was now to him …" (The Noble Bachelor: 298)
（「もちろん，私の最初の義務は，今や彼に対してあることを一瞬たりとも疑っていないよ」）

# 第 15 章　談話標識

## 1.　はじめに

　Sherlock Holmes の作品では，会話文において，いわゆる「談話標識」(discourse marker) が多く使われている。圧倒的に多く使われているのは，'well' であるが，それ以外に 'by the way'，'why'，'then' などが多用されている。談話標識の定義として，Schiffrin (1987: 31) は 'sequentially dependent elements which bracket units of talk'（連続的に依存する要素で，話の単位をカッコでくくるもの）とした。さらに Schiffrin (2001: 57) は，'... discourse markers could be considered as a set of linguistic expressions comprised of members of word classes as varied as conjunctions (e.g. *and*, *but*, *or*), interjections (*oh*), adverbs (*now*, *then*), and lexicalized phrases (*y'know*, *I mean*).'（談話標識は接続詞 (and, but, or)，感嘆詞 (oh)，副詞 (now, then)，あるいは語彙化された句 (y'know, I mean) などの多様な語類からなる一組の言語表現と考えることができよう）とも述べている。

114

## 2. 先行研究

　談話標識（語用論標識）の研究は多数ある。古典的な Schiffrin (1987) や Jucker and Ziv (1998) をはじめ，一般の文法書，たとえば，Quirk et al. (1985: Chap. 19)，Biber et al. (1999: 1086–88)，Carter and McCarthy (2006: 207–240) にも言及されている。史的研究としては，Brinton (1996, 2008) や 'well' について論じている Jucker (1997) や 'by the way' のテキスト的機能および主観化の観点から論じた Akimoto (2013) など。

## 3. 例

　本稿では最も頻度の高い談話標識 'well'，'then'，'by the way' そして 'why' を取り上げる。これらは，Quirk et al. (1985: 633–640) の言うところの談話開始項目 (discourse-initiating item) あるいは移行的合接詞 (transitional conjunct) である。次のトピックに注意を向けたり，関連する出来事に移行したりするものである。

### 3.1. Well

　OALD (2015: 1772–73) によると，'well' の意味は次の9つに分けられている。

　　1.　驚き，怒り，安心などを表す。
　　2.　どうにもなりそうもないことを受け入れることを表す。
　　3.　あまり賛成でないことを表す。

116

4. ポーズをおいて，会話を続けることを表す。

5. 確かでないことを表す。

6. 相手が言うのを待つことを表す。

7. 会話の終わりを表す。

8. ポーズをおいて，次の言葉を考えることを表す。

9. 言ったことを直したり，変えたりすることを表す。

以下は上の分類に対応すると思われる例である。

(1) "'Then I'll wait in the open air, for I feel half choked,' said he. 'I'll be back before long.' And with that he ups and outs, and all I could say wouldn't hold him back."

"*Well, well*, you did your best," said Holmes …

(The Yellow Face: 351)

(「『それじゃあ，野外で待つとしよう。多少息苦しいからね』と彼は言った。『すぐに戻るから』そう言いながら立ち上がって，出ていった。何を言っても彼を引き戻せなかったよ」「まあまあ，君はよくやったよ」とホームズは言った)

(2) "I suppose," said Holmes. "that when Mr Windibank came back home from France he was very annoyed at your having gone to the ball." "Oh, *well*, he was very good about it." (A Case of Identity: 193-4)

(「ウィンデーバンクさんがフランスから戻ってきた時，あなたが舞踏会へ行ったと知って機嫌が悪かったでしょうね」とホームズが言った。「いいえ，それが彼はとても寛大でした」)

(3) "When shall you be able to enter upon your new du-

第 15 章　談話標識　　117

ties?"　"*Well*, it is a little awkward, for I have a busi-
ness already," said I.　　　(The Red-Headed League: 180-1)
(「いつ新しい仕事に入れますか」「ええと，少し困ったことが
あるんですよ。すでに仕事が入っているもので」と私は言った)

(4)　"And did you observe any change in her then?"
　　"*Well*, to tell the truth, I saw then the first signs that I
　　had ever seen …"　　　　　　　(The Noble Bachelor: 292)
　　(「そしてその時彼女に何らの変化を観察したのですか」「実を
　　言うと，見たことがある最初のサインをその時見たのです」)

(5)　"It is a murder, then?"　"*Well*, it is conjectured to be
　　so …"　　　　　　　　(The Boscombe Valley Mystery: 202)
　　(「それでは，殺人ですか」「ええまあ，そう考えられています
　　が」)

(6)　It was a perfect representation of Holmes.　So an-
　　noyed was I that I threw out my hand to make sure
　　that the man himself was standing beside me.　He was
　　quivering with silent laughter.　"*Well*?" said he.

　　　　　　　　　　　　　　　　　　　(The Empty House: 489)
　　(それは完全なホームズの複製だった。私はあまりにも驚いて，
　　男自身がそばに立っていることを確かめるために手を伸ばし
　　た。彼は声を立てずに笑った。「それで？」と彼は言った)

(7)　"Indeed?　I know some of them. Which was it?"
　　"Brechinridge is his name."
　　"Ah!　I don't know him.　*Well*, here's your good
　　health, landlord, and prosperity to your house. Good-
　　night."　　　　　　　　　　　　　(The Blue Carbuncle: 251)

（「へえ，店のいくつかは知っているが，どちらのだい」「ブレ
キンリッジという名前ですよ」「ああ，彼なら知らないよ。
じゃあ，大家さん，君の健康と店の繁盛を。さよなら」）

(8) "But the money, Mr. Holmes, the money!"

"*Well*, yes, of course the pay is good—too good."

(The Copper Beeches: 321)

（「でも，ホームズさん，お金が欲しいんです」「ええ，確かに
支払いは良いですね—良すぎますね」）

(9) "How long ago was it?"

"Oh, not very many minutes."

"Within the last five?"

"*Well*, it could not be more than five."

(The Naval Treaty: 452)

（「どのくらい前だろう」「ああ，何分も前ということはないよ」
「ほんの5分以内？」「まあ，5分を超えることはないよ」）

## 3.2.　Then

'then' も Sherlock Holmes において，'well' に次いで多く現
れる。

OALD（2015: 1622–23）によると，「その時」という時間的な
意味を除くと，

1.　一連の動作・出来事などの過程で次の項目を導入する。
2.　ある状況の論理的結果を示す。
3.　情報を付け加える。
4.　言ったことをまとめる。

5. 会話の始まりや終わりを示す。

以下は例である。

(10) Holmes picked up the key, and looked at it for an instant, *then* he handed it back.

(The Golden Pince-Nez: 616)

（ホームズは鍵を取り上げ，ちょっとの間見つめて，それから元に戻した）

(11) "If my hair would only change colour, here's a nice little crib all ready for me to step into."

"Why, what is it, *then*?" I asked.

(The Red-Headed League: 179)

（「もし髪の毛の色を変えることさえできれば，ちょっとした宝の山に入り込む用意があるのですがね」「それは何の話だい」と私は聞いた）

(12) "I presume that the reason he gave was that you would receive help from Sir Charles for the legal expenses connected with your divorce?"

"Exactly."

"*And then* after you had sent the letter he dissuaded you from keeping the appointment."

(The Hound of the Baskervilles: 753)

（「彼があげた理由は離婚に関わる法的費用のため，チャールズ卿からあなたが援助を受けることですね」「そうです」「さらにあなたが手紙を送った後，彼はあなたに約束を守らないように説得した」）

(13) This, *then*, was the explanation of the stealthy expeditions at night and the light at the window.

(The Hound of the Baskervilles: 722)

(つまり，これが夜こっそり出かけたり，窓に明かりをともす説明だった)

(14) "Well, *then*," said Holmes with a mischievous twinkle. "I suppose that you have no objection to helping me?"

(The Naval Treaty: 466)

(「さて」とホームズはいたずらっぽく目を光らせて言った。「あなたが私を助けてくれることに反対はないですよね」)

なお，倒置する例もある。

(15) "But what next, Mr. Holmes?"

"Well, *then came* an incident which was rather unexpected to myself." (The Retired Colourman: 1121)

(「次はなんですか，ホームズさん」「それがですね，私自身も予期しなかった出来事が起こりました」)

### 3.3. By the way

'by the way' は話に直接関係ないコメントなどを導入する際使われる談話標識で，Sherlock Holmes においてもよく使われ，ほとんど文頭に現れるが，挿入詞的にも使われる。

(16) "Some cold beef and a glass of beer," he answered, ringing the bell. "I have been too busy to think of food　And I am likely to be busier still this evening.

第15章　談話標識　　121

*By the way*, Doctor, I shall want your cooperation."

(A Scandal in Bohemia: 169)

(「冷製のビーフとビール一杯」と彼は答えて，ベルを鳴らした。「忙しすぎて食事のことも考えられないし，今晩はさらに忙しくなりそうだ。ところで，ワトソン君，君の力を借りたいのだが」)

(17) "I have no doubt that you would have had a more lively evening," said Holmes drily. "*By the way*, I don't suppose you appreciate that we have been mourning over you as having broken your neck?"

(The Hound of the Baskervilles: 748)

(「あなたが賑やかな夕べを過ごしたであろうことは疑いないですがね」とホームズはそっけなく言った。「ところで，あなたが首の骨を折ったことにわれわれが嘆いていることに感謝しているとは思えないのですが」)

(18) "When Gregson, or Lestrade, or Athelney Jones are out of their depths—which, *by the way*, is their normal state—the matter is laid before me."

(The Sign of Four: 90)

(「グレグソンやレストレードやアスレニー・ジョーンズが手に負えなくなると——それはついでながらいつもの状態なのだが——事件が私のところに来るわけだ」)

## 3.4. Why

OALD (2015: 1783) は 'used to express surprise, lack of patience, etc.' と説明しており，やや古風とも述べている。

以下は例である。

(19) "Oh, I'm in such trouble!" she cried; "I do so want a little help."

"*Why*," said my wife, pulling up the veil, "it is Kate Whitney." (The Man with the Twisted Lip: 230)

(「ああ，私，困っているの」と彼女は叫んだ。「少しでも助けがすぐ欲しいの」「まあ！」私の妻は彼女のヴェールを上げながら言った。「ケート・ウイトニーじゃない」)

(20) Finally he took the bell-rope in his hand and gave it a brisk tug.

"*Why*, it's dummy," said he. (The Specled Band: 267)

(最後にベル用ロープを手元にたぐりよせ，素早く引っ張った。「何だ，これはダミーじゃないか」と彼は言った)

(21) "You don't know me?" he asked.

"*Why*, dear me, it is surely Hudson," said Mr. Trevor in a tone of surprise. (The "Gloria Scott": 377)

(「私を知らないのか」と彼は尋ねた。「おいおい，確かにハドソンだ」と驚いた調子でトレヴィール氏は言った)

上記以外の談話標識の例もあげる。

(22) "Let us continue our reconstruction. He meets his death five miles from the school—not by a bullet, *mark you*, which even a lad might conceivably discharge, but by savage blow dealt by a vigorous man."

(The Priory School: 549)

第 15 章　談話標識　　123

（「再構成を進めてみよう。彼が死に直面したのは学校から 5 マ
イル離れたところだ——銃弾じゃないよ。いいかい，そうだっ
たら少年でも発射できそうだからね。元気な男の乱暴な一撃に
よるものだ」）

(23)　"I thought I'd dodge your British law; for I was not
sure how I stood under it, and also I saw my chance
to throw these hounds once for all off my track. *Mind
you*, from first to last I have done nothing to be
ashamed of …"　　　　　　　　　　(The Valley of Fear: 812)
（「私はイギリスの法律をかわそうと考えた，というのも私がど
ういう立場にいるのか確信がなかったからだ。また一度ならず
もこれらの猟犬をまくチャンスがあった。言っておくけど，私
は始めから終わりまで恥じることは何もしていない」）

第 16 章　**Pray vs. please**

## 1.　はじめに

丁寧は言い方として，pray と please があり，Sherlock Holmes においてもこの二つはよく使われている。現代英語ではほとんど使われない pray を中心に，please に徐々に取って代わられる過程がうかがえ，興味深い。

## 2.　先行研究

Quirk et al. (1985: 569–572)，Akimoto (2000)，Busse (2002)，Lutzky and Demmen (2013) など。さらに，秋元 (2014) 参照。

Pray も please も Old French からの借入語であり，双方とも動詞として英語に入ってきたが，共に 'courtesy marker' として使われようになった。OED による初例は 'pray' は 16 世紀，'please' は 1622 年である。Quirk et al. (1985: 569–572) は

124

'courtesy subjunct' と呼び，'please' や 'kindly' や 'cordially' をあげている。命令などと共にぶっきらぼうさを和らげる働きをする。当初 pray がその働きでは使われていたが，20 世紀初頭の頃から please に取って代わられた。興味深い点は，Sherlock Holmes においては，pray も please も使われるが，pray のほうが圧倒的に多いということである。Sherlock Holmes の作品において，後の作品のほうが，'please' が多く使われる。たとえば，1892 年に書かれた 'Adventures of Sherlock Holmes' では圧倒的に 'pray' が多く使われているが，'The Hound of the Baskervilles'（1902）では 'please' のほうが多く使われている。

## 3． Pray と please の交代

なぜ 'pray' が 'please' に取って代わられたのか。Akimoto (2000) は三つの理由をあげている。①新しい表現（please）のほうが力強い。②'pray' には宗教的意味合いがあり，それゆえ文脈の制限がある。③長母音 [i:] のほうが哀願的訴えには適している。

それ以外の理由として，Busse（2002: 212）は 'pray' は話し手中心であるのに対して，'please' は聞き手中心であるという。すなわち，主観化（subjectification）から間主観化（intersubjectification）への変化である。ただし，この議論がどの程度説明力を持つかは必ずしも明確ではない。

この交代は別のデータからも裏付けされる。Archer コーパスによると（詳しくは，秋元（2014: 281–282）参照），以下のように，'pray' は 18 世紀を境に減り始め，'please' は逆に 19 世紀以降

増えていることが分かる：

|  | I<br>(1600–1699) | II<br>(1700–1799) | III<br>(1800–1899) | IV<br>(1900~) |
|---|---|---|---|---|
| pray |  |  |  |  |
| 文頭 | 38 | 99 | 30 | 4 |
| 文中 | 0 | 0 | 0 | 0 |
| 文末 | 1 | 3 | 3 | 0 |
| please |  |  |  |  |
| 文頭 | 0 | 1 | 16 | 53 |
| 文中 | 0 | 0 | 1 | 1 |
| 文末 | 0 | 0 | 2 | 23 |

(秋元 (2014: 281–282))

また，'pray' はほとんど文頭にしか現れないが，'please' は文末にも多く現れることが分かる。

## 4. 例

(1) "My dear doctor," said he kindly, "*pray* accept my apology." (The Sign of Four: 93)

(「ワトソン君」彼は優しく言った。「どうか許してくれたまえ」)

(2) "*Pray* take a seat," said Holmes.

(A Scandal in Bohemia: 164)

(「どうぞ座ってください」と，ホームズは言った)

(3) "Surely. Bring him into the sitting-room. There is a comfortable sofa. This way, *please*!"

(A Scandal in Bohemia: 172)

第 16 章　Pray vs. please　127

　（「分かった。彼を居間に連れてきてくれ。居心地のいいソファー
　がある。さあ，こちらへ」）

(4)　"Holmes!" I cried— "Holmes!"
　　　"Come out," said he, "and *please* be careful with the
　　　revolver."　　　　　　(The Hound of the Baskervilles: 740)
　　　（「ホームズ！」私は叫んだ。「ホームズ！」「外に出てきてくれ」
　　　と彼は言った。「拳銃も忘れないで」）

　pray は本来「祈る」の意味の動詞であり，当然その意味で使わ
れている場合もあり，このように二つの形が共存していること
を，文法化では「重層化」(layering)，あるいは「保持化」(per-
sistence) と呼ぶ。動詞として使われている例としては，次例参
照：

(5)　"*I pray* that we may never be exposed to such a temp-
　　　tation."
　　　"*I pray not*, sir.  And what do you intend to do?"
　　　　　　　　　　　　　　(The Boscombe Valley Mystery: 217)
　　　（「そんな誘惑に決してさらされないことを祈るよ」「私もそう
　　　願いたいです。ところで何をするつもりですか」）

　なお，please の異形として，if you please や if it please you
などがあり，さらに，Sherlock Holmes には現れないが，少し
前の時代の Dickens や George Eliot には次のような 'please to
V' というパターンがある。次例参照。

(6)　I have certainly never borrowed any money on such an
　　　insecurity. *Please to explain*.　(Eliot, *Middlemarch*: 109)

（そんな不安定な状態でお金を借りるようなことは決してあり
ません。説明してください）

Sherlock Holmes は事件の依頼人によく pray を文頭において
相手の話しを促す場面がある。Sherlock Holmes の作品のプロッ
トとして，まず，事件発生以前として，「待ち」のシーンがあり，
次いで依頼人が来て，事件を説明し，Holmes と Watson が事件
解明に乗り出すという流れがある。実は，Sherlock Holmes の
英語において，この依頼人の事件の説明を Holmes が促すとこ
ろに，'pray' が多く使われているという特徴がある。次はその
さらなる例である。

(7) *"Pray* what steps did you take when you found the
card upon the door?"　　(The Red-Headed League: 182)
（「ドアにカードを見つけた時，あなたはどんな手段をとったの
ですか」）

(8) "The letter arrived on March 10, 1883. His death was
seven weeks later, upon the night of May 2d."
"Thank you. *Pray* proceed." (The Five Orange Pips: 221)
（「手紙が届いたのは 1883 年 3 月 10 日です。そして彼の死は
7 週間後の 5 月 2 日の夜です」「なるほど。話を続けてくださ
い」）

(9) "The first page on the floor, the second in the window,
the third where you left it," said he.
"Exactly, Mr. Holmes. You amaze me. How could
you possibly know that?"
*"Pray* continue your very interesting statement."

第 16 章 Pray vs. please 129

(The Three Students: 597)

(「1 ページ目は床の上に, 2 ページ目は窓のそばに, 3 ページ目は元のところですね」「まさにそのとおりです, ホームズさん。驚きました。どうしてお分かりになったのですか」「あなたのとても面白い話を続けてください」)

# 第17章　形容詞的造語法と用法

## 1.　はじめに

Sherlock Holmes の英語に見られる形容詞の造語および用法には独特なものがある。特に人物描写において，興味深い描写が見られる。

## 2.　先行研究

Marchand（1969），Hirtle（1970），Hudson（1975），Ljung（1976），Quirk et al.（1985），Bäckland（2006）などがある。

## 3.　造語法

最も頻繁な造語は身体名詞——eye, hair, head——に -ed を付け，「形容詞（副詞）＋身体名詞 -ed」＝複合形容詞となるパターンである。この -ed は動詞に付く -ed とは異なる。OED（*s.v.*

*-ed*, suffix²）によれば，OE -ede で，次のような説明がある：

> This suffix is now added without restriction to any sb. from which it is desired to form an adj. with the sense 'possessing, provided with, characterized by' (something); e.g. in *toothed, booted, wooded, moneyed, cultured, diseased, jaundiced*, etc., and is parasynthetic derivatives, as *darked-eyed, seven-hilled, leather-aproned*, etc.
> （この接尾辞はどんな名詞にも制限なく付加され，そこから「所有している，に特徴づけられた」などの意味の形容詞が形成され，また並列総合的派生語も形成される）

身体名詞としては，head や face が最も多く，ついで eye, hair, leg などとなっている。以下はそれらの例である。

## 4. 例

(1) "Mr. Fowler was a very kind-spoken, *free-handed* gentleman," said Mrs. Toller serenely.

(The Copper Beeches: 332)

（「ファウラーさんは優しい話しぶりの，気持ちの良い紳士です」とトラー夫人は穏やかに言った）

(2) The official was a *white-faced*, unemotional man, who went through his duties in a dull, mechanical way.

(A Study in Scarlet: 77)

（その警官は白い顔をした，感情のない男で，緩慢な，機械的に職務を行っていった）

(3) In he walked, *a middle-sized, dark-haired, dark-eyed, black-bearded* man, with a touch of the sheeny about his nose. (The Stock-Broker's Clerk: 365)

(入ってきたのは，中背で，髪が黒く，目も黒く，黒い髭をした男で，鼻の辺が少し光っていた)

(4) "How, for example, could you describe with such confidence the *wooden-legged* man?"

(The Sign of Four: 119)

(「たとえば，木の脚の男だと，君はどうやって自信をもって述べられるのか」)

(5) A gentleman entered, with a pleasant, cultured face, *high-nosed* and pale, with something perhaps of petulance about the mouth ... (The Noble Bachelor: 291)

(一人の紳士が入ってきた。楽しげな，教養のある顔付きで，鼻が高く，青白く，口の辺りがたぶんいささかかんしゃく持ちで)

-ed はもちろん身体名詞にだけ付くのではない。例文 (3) にある 'middle-sized' や 'ill-natured'，'high-windowed'，'middle-aged' など多数の名詞に付く。ただし，興味深いのは，handed，faced，eyed，legged，nosed のように単独ではほとんど現れず，必ず修飾語を伴っていることである。これは多分に情報量の問題に係わっている。すなわち，特に身体名詞（ついでながら，これらはいわゆる 'inalienable noun' である）の場合，人間に備わっているのは当然であるので，情報量として低い。したがって，単独で過去分詞にして次の名詞を修飾してもほとんど意味がないこ

とになる。それにもかかわらず、「修飾語＋身体名詞＋-ed」の修飾パタンは今度は当然の所有物を特化することにより、人物の描写には適しているといえる。

この問題に関しての興味深い議論は、Hirtle（1970）、それを批判した Hudson(1975)、さらに Hudson の批判・問題点についてコメントした Ljung（1976）参照。


## 5. プラスの意味の形容詞とマイナスの意味の形容詞

Bäckland（2006）は 'thin' や 'angry' のような形容詞を個人内形容詞（intrapersonal adjective）と呼び、個人について言及する場合で、もう一つは、'reserved' や 'rich' のような社会的な側面に言及する場合を対人的な形容詞（interpersonal adjective）と呼び、区別した。前者はさらに、能力（skilful など）、外見（pretty など）、精神状態（kind など）、国籍や身体の状態（sickly など）などが入り、後者（対人的カテゴリー）には、話しかけ（*good* fellow）、態度（a kind *dear* old fellow）、社会状況（widowed, illustrious など）、社会性（genteel など）に分けた。その中で特に、精神状態を表す形容詞にはプラスとマイナスの評価が現れるものとして、そのコロケーションを 1800 年から 1900 年にいたる年代を区別し、各時代ごとに、男性、女性について修飾する形容詞にはどちらの性別にプラス・マイナスの形容詞が連語しやすいかを考察した。プラスかマイナスかの評価は文脈に依存していることが多いことや、'of＋NP' にはプラスの評価が高く、多くは男性を修飾するのに使われているのはなぜかといった問題があるが、ここではこの問題をこれ以上追究せず、Sherlock

134

Holmes の中で形容詞がこれらの点でどう使われているかを考察する。

Sherlock Holmes の中で，特に冒頭の部分で，依頼人についての描写によく出てくる。

(6) Our visitor bore every mark of being an average commonplace British tradesman, *obese*, *pompous*, and *slow*. He wore rather baggy grey shepherd's check trousers, a not over-clean black frock-coat, unbuttoned in the front ...　　　　　(The Red-Headed League: 177)

（われわれの訪問者は平均的な，普通のイギリス商人の特徴を持っていた，肥満で，横柄で，鈍かった。彼は多少だぶだぶしたグレーのシェパードチェックのズボンをはいており，十分清潔とは言えないフロックコートで，前のボタンは外れていた）

イタリックの形容詞はマイナスの形容詞であろう。

(7) And yet, without a harshness which is foreign to his nature, it was impossible to refuse to listen to the story of the *young and beautiful* woman, *tall, graceful and queenly*, who presented herself at Baker Street late in the evening.　　　　　(The Solitary Cyclist: 527)

（彼の性格に合わない過酷さは持ちあわせておらず，夕方遅くベーカー街に現れたこの若くて，美しい婦人，背が高く，優雅で，品のある，の話を聞かざるを得なかった）

ここで使われている形容詞，young, beautiful, tall, graceful, queenly はすべてプラスの形容詞で，依頼人に対してのほめ言葉

第17章　形容詞的造語法と用法　　135

である。

(8) A measured step was heard upon the stairs, and a moment later, a *stout, tall*, *gray-whiskered* and solemnly *respectable* person was ushered into the room. His life history was written in his *heavy* features and *pompous* manner. From his spats to his gold-rimmed spectacles he was a Conservative, a churchman, a good citizen, *orthodox* and *conventional* to the last degree.　　　　　　　　　　　　　(Wisteria Lodge: 870)

（正確に計られたステップが階段を登るのが聞こえた。直ぐに太った，背の高い，グレーの髭をつけた，まじめに立派な人物が案内された。彼の人生史はかれの厳しい顔つきや横柄な態度に表れていた。彼のスパッツから金縁のメガネまで，彼は保守的な牧師で，善良な市民であり，極度に正統派で，伝統的な人物であった）

ここでは多くの形容詞が使われており，イタリックの形容詞もプラス（stout, tall, respectable），マイナス（heavy, pompous）と混ざっており，orthodox, conventional は両方にとれそうである。最後に少し長い例を引用する。

(9) The vicar of the parish, Mr. Roundhay, was something of an archaelogist, and a such Holmes had made his acquaintance. He was a middle-aged man, *portly and affable*, with a considerable fund of local lore. At his invitation we had taken tea at the vicarage and had

come to know, also Mr. Mortimer Tregennis, an independent gentleman, who increased the clergyman's scanty resources by taking two rooms in his large, straggling house. The vicar, being a bachelor, was glad to come to such an arrangement, though he had little in common with his lodger, who was a *thin, dark*, spectacled man, with a stoop which gave the impression of actual, physical deformity. I remember that during our short visit we found the vicar *garrulous*, but his lodger strangely r*eticent, a sad-faced, introspective* man, sitting with averted eyes, brooding apparently upon his own affairs. (The Devil's Foot: 956)

（教会区の牧師，ラウンドヘイ氏は多少なりとも，考古学者で，そういうわけで，ホームズは知り合いになった。彼は中年の，かっぷくがよく，愛想もよく，地方の伝承にはかなり蓄えがあった。彼の招きにより，われわれはお茶をその館で飲み，モーチマー・トレグニスさんをも知るようになった。彼は自立した紳士で，大きな，まとまりのない家で2部屋借りることにより，牧師のわずかばかりの財産を潤わせていた。牧師は独身なので，そのような手配を喜んだが，彼の同居人とはほとんど共通したものはなかった。同居人はやせて，暗いメガネをかけた男で，猫背で，実際身体上の奇形の印象を与えた。思い出すと，われわれの短い訪問中，同居人のほうは奇妙にもしゃべらず，悲しげな顔つきをした内生的な男で，目をそらして，明らかに自分のことについて物思いに耽っていた）

第17章 形容詞的造語法と用法　137

　ここでは，牧師と彼の家の部屋を借りている男が対比されている。牧師は陽気な，愛想のいい，おしゃべりな人物であるのに対して，下宿人の男（Tregennis）は暗い，ほとんどしゃべらない，陰鬱な人物である。牧師に使われている形容詞，portly, affable はプラスであるが，garrulous は少しマイナス（？）である。一方，下宿人に使われている形容詞，thin, dark, reticent, sad-faced, introspective はすべてマイナスである。

　以上，必ずしも十分ではないが，形容詞の使い方により，Holmes や Watson の視点から依頼人や訪問者に対しての評価が垣間見られるのは興味深い。

第 18 章　**There 構文**

## 1.　はじめに

Sherlock Holmes の英語において，'there is no ~' やその異形
パターン 'it / there is no use ~' がよく使われている。この there
の用法・機能は現代英語に比べても特異である。

## 2.　先行研究

Poutsma (1926, II, II: 477), Visser (1966: 1100–1102),
Bolinger (1977: 90–123), Kjellmer (1980), Quirk et al. (1985:
1066–67) など。史的研究としては，Breivik (1983) や Nagashi-
ma (1992) などがある。

Poutsma (1926: 477) はこの構文を 'peculiarly English idi-
om' と呼んでいる。Visser (1966: 1100–1102) では，'there is
no ~ing' は 1600 年以降に頻繁になったと述べている。また，
'it's no good ~ing' や 'it's no (of) use ~ing' 形は 1800 年以降

138

のようである。Qurik et al. (1985) は 'there is no ~ing' は法助動詞でパラフレーズできると述べている：

(1) There's no mistaking that voice.
    = One could not mistake that voice.
    (その声に間違いなかろう)

OED (s.v. *use*, sb. 20.b.) には次のような例もあり，不定詞も使われていたようである。

(2) Alas! It is no use to say, 'I'm poor!'
    (1820 Shelley *Let. To Maria Gisborne* 222)
    (ああ，言っても無駄だった。私は金がない)

(3) From their thinking it no use doing good, unless it is talked about. (1837 J. H. Newman *Lett* (1891) II. 230)
    (彼らの考えからして，良いことをしても無駄だ。話し合わない限り)

Kjellmer (1980) はこの構文を分析して，実際はこのパターンが常に法的意味を持つわけではなく，幾つかの条件があるとする。その条件として，①否定の 'no' が付く，②他動詞で目的語を取ること，である。また，動名詞の性格によるが，動詞的であればあるほど，法的意味が強く，名詞的であればあるほど法的意味は弱い。したがって，後の例のように，動詞派生名詞 (deverbal noun) には modal の意味は通常ない。

Sherlock Holmes において，通常の「場所の there」(locative there)（例 (1)）に加えて，「there is no＋動詞派生名詞」構文が多く，この構文は「場所の there」の拡大形と考えられ，さらに，

'there is no ~ing' パターンへの橋渡し的機能を果たしているように考えられる。

## 3.　例

(4)　… and in twelve *there were* not half a dozen men in the whole Salt Lake City who could compare with him.　(A Study in Scarlet: 59)

（そして 12 年経つと，彼と肩を並べられる者はソルト・レーク・シティー全体で 6 人もいなかった）

(5)　*There was no need* for him to ask me to wait up for him …　(A Study in Scarlet: 39)

（彼が私に寝ないで待ってくれと頼む必要はない）

(6)　"*There was no reason* to suppose that he was going under an assumed name."　(A Study in Scarlet: 85)

（「偽名で通そうとしていると想像する理由はない」）

(7)　"*There was no help* for it, however …"

(The Sign of Four: 121)

（「しかしそれはどうにもなりませんね」）

(8)　"*There can be do doubt* that the probability — the strong probability — is that the writer was on board of a ship."　(The Five Orange Pips: 225)

（「蓋然性——それも強い蓋然性だが——作家が船に乗っていたことだが，それには何ら疑いはない」）

(9)　*There was no promise* of a speedy departure in his composed bearing and his comfortable attitude.

第 18 章　There 構文　　141

(Charles Augustus Milverton: 579)

（彼の落ち着いた物腰やゆったりした態度にはすぐ出発する気配はなかった）

(10) *There was no mistaking* it for anything but a newly dug grave.　　　　　　　(A Study in Scarlet: 73)

（新しく掘られた墓以外の何物でもない）

(11) "*There is no possible getting out of* it, Mr. Windibank."　　　　　　　(A Case of Identity: 199)

（「そこから出ることはできないよ，ウィンデイバンクさん」）

(12) "Here's a man dead—*there's no denying* but …"

(The Golden Pince-Nez: 608)

（「人が死んでいる。否定のしようがないが …」）

(13) "*There is no getting* past you, Mr. Holmes!"

(The Illustrious Client: 985)

（「あなたにはかないませんよ，ホームズさん」）

(14) *There was no gainsaying* that she would have graced any assembly in the world.　　(The Lion's Mane: 1088)

（彼女がこの世のどんな集まりにも光彩を放ったであろうことは否定しません）

(15) "*There is no use of arguing* about it now …"

(A Study in Scarlet: 36)

（「そのことについて議論しても無駄だ」）

(16) "*There was no use your giving* this unnecessary trouble."　　　　　　　(The Sign of Four: 141)

（「こんな不必要な面倒を何だってかけるんだ」）

(17) "However, *there's no good grieving* over it."

(The Sign of Four: 144)

（「しかしこのことで嘆いても仕方がありません」）

(18) "I suppose that *it is no use my attempting* to conceal
that ..." (The Abbey Grange: 638)

（「隠そうとしても無駄だと思いますよ」）

(19) ... *there was no possible use* in my resisting ...

(The Greek Interpreter: 439)

（私が抵抗しても無駄でした）

なお，OED (s.v. *it*, pro.2. †b.) に "*It* was formerly used where
*there* is now substituted." とある。

# 第19章　イディオムと構文

## 1.　はじめに

　いわゆるイディオム的表現は Sherlock Holmes の英語にはきわめて多い。ここではホームズ英語の特徴と思われるイディオムについて述べる。

## 2.　先行研究

Chafe (1968), Akimoto (1983), Cacciari and Tabossi (1993), Nunberg et al. (1994), Fernando (1996), Moon (1998), Brinton and Akimoto (1999), Cowie (2001) など。
　一般的にはイディオムは各成分の総和からその意味が出てこないものとされるが，Brinton and Akimoto (1997: 7) では次のような点をイディオムの特徴としてあげている。

　　①　意味的不透明性（semantic opacity）――各成分の総和か

143

らその意味が出てこない：kick the bucket (= die)

② 統語的凍結性（syntactic frozenness）——統語的変形操作を許さない：*The bucket was kicked by Sam.

③ イディオム内の要素の代用不可性：have a crush on, *have a smash on

## 3. イディオムの分類

イディオムパターンで最も多いのは，「前置詞＋名詞句＋前置詞」で，次いで「動詞＋目的語」，そして「動詞＋名詞句＋前置詞」の順である（cf. 秋元（2003））。ここでは便宜上，「動詞＋目的語」，「動詞＋目的語＋前置詞」，「前置詞＋名詞句＋前置詞」，「複合前置詞」，「動詞＋one's way」の順で，それぞれの代表的な例をあげながら，Sherlock Holmes に使われているイディオムの特徴を考察していく。

### 3.1. 動詞＋目的語

(1) In a frenzy lest the secret of the treasure die with him, he *runs the gauntlet of* the guards ...

(The Sign of Four: 120)

（狂乱の余り，宝の秘密が彼と共に死なないように，彼は見張りの厳しい攻撃をうけながらも）

(2) I have said "by one night's work," but, in truth, it was by two nights' work, for on the first we *drew entirely blank.* (The Hound of the Baskervilles: 721)

（私は「一晩の仕事」と言ったのだが，実際は「二晩の仕事」に

第 19 章　イディオムと構文　　145

なった。というのは，最初の日は完全な失敗だったからだ）

(3) "… for I think it is far better not to *wash linen of the sort in public*."　　　　　　　　　　(A Case of Identity: 199)

（「内輪の恥を外にさらさないほうがはるかに良いと思いますよ」）［本来は 'dirty linen'（内輪の恥）］

(4) "… but we must *stretch a point* in favour of a man with such a head of hair as yours."

(The Red-Headed League: 180)

（「あなたのような頭髪を持っている人は特別に考慮しなければなりません」）

(5) "Well, I have been twenty-seven years in the force, but this really *takes the cake*."

(The Man with the Twisted Lip: 242)

（「ええ，私は 27 年間警察にいましたが，これは実際ばかばかしい点で何物にも引けを取らない」）

(6) "I think that I have *touched bottom* at last, however."

(The Copper Beeches: 317)

（「しかし，私はついにどん底に落ちたと思いますが」）

(7) "I suggest that you go on your line and I on mine. We can *compare notes* afterwards, and each will supplement the other."　　　　　　　　(The Six Napoleons: 587)

（「あなたはあなたの方針を，私は私の方針に沿ってやっていきましょう。その後でお互いに意見を交換するというのはどうでしょう」）

(8) "Do you think I would leave her alone to *face the music* while I slunk away?"　　(The Abbey Grange: 649–50)

（「私がこそこそ逃げている間，彼女は報いを甘んじて受けると思いますか」）

(9) "Our French friends seem to have *touched the spot* this time." (The Second Stain: 660)

（「われわれのフランス人の友達は今度は申し分なさそうだ」）

(10) "*Possess our souls in patience* and make as little noise as possible," Holmes answered. (The Valley of Fear: 809)

（「我慢して待って，雑音を立てないようにしてください」とホームズは答えた）

## 3.2. 動詞＋目的語＋前置詞

多く現れるものから例をあげる。

(11) I *caught a glimpse of* rushing figures, and a moment later the voice of Holmes from within …

(A Scandal in Bohemia: 172)

（急いでいる人物をちらっと見たが，そのすぐ後，中からホームズの声がした）

(12) "Yes, I have put it away where you shall never *lay hand upon* it," he cried exultantly.

(The Sign of Four: 143)

（「はい，私は決して手の届かないところに置きました」と彼は大喜びで叫んだ）

(13) This puerile feature in a nature which was conspicuously manly had often *given rise to* comment and conjecture. (The Crooked Man: 413)

（この幼稚じみた特性は際立って男性的で，しばしばコメント
や憶測を産んだ）

(14) "Altamont has a nice taste in wines, and he *took a fancy to* my Tokay."                    (His Last Bow: 974)
（「アルタモントはワインに素晴らしい味覚を持っており，私の
トーカイワインを気に入っていた」）

(15) "He had no kith nor kin—or if he had, I never heard of it.  But he *took a kind of pride in* the queerness of his name."                    (The Three Garridebs: 1046)
（「彼は親類縁者はなかったし，もしあったとしても，聞いたこ
とはなかったが，彼の名前の奇妙さに誇りをもっていた」）

(16) ... he lived in an absolutely lonely life, attending to his own simple wants and *paying little apparent heed to* the affairs of his neighbours.   (The Devil's Foot: 961)
（彼はまったくの一人暮らしで，自分自身の簡素な必要なもの
に留意し，隣人の出来事には一見ほとんど注意を払わなかっ
た）

(17) "You must *make a clean breast of* it, if you do I hope that ..."                    (The Sign of Four: 140)
（「君は胸の内をすべてさらけ出してください。そうすれば私も
... を願っています」）

(18) "It is a perfectly overpowering impulse, and I have more than once *taken advantage of* it."

(A Scandal in Bohemia: 173)
（「それはまったく圧倒的な衝動で，私は一度ならずも，そんな
衝動を利用してきた」）

(19) "We will go straight to Whitehall Terrace and *bring* the matter *to a head*." (The Second Stain: 662)

（「われわれはホワイトホールテラスにまっすぐ行き，事件を土壇場においこんでやろう」）

(20) "... I am bound to *take* every possibility *into account* ..." (The Illustrious Client: 997)

（「あらゆる可能性を考慮しなければならない」）

(19)，(20) の例は厳密な意味では「動詞＋名詞句＋前置詞」のタイプに入らないかもしれないが，構文上関連しており（cf. take ~ into account = take account of），Holmes には多く見られるので，併せてあげた。

### 3.3. 名詞＋前置詞＋名詞

Sherlock Holmes の英語において，この構文はよく使われており，中には Holmes 特有の名詞の並列もある。

先行研究には松山（2005），Jackendoff（2008），林（2010）等の研究がある。なお，松山（2005）は史的研究も行っている。

この構文の特徴は，

① 前置詞が限られている：by, for, to, after, upon, そして in

② 同一の名詞に限る

③ 可算名詞の単数形に限られる

④ 冠詞，限定詞が付かない

⑤ 主語や目的語の位置に現れる

第 19 章　イディオムと構文　　149

　Sherlock Holmes の英語において，「名詞＋after＋N」が最も
多く，次いで「名詞＋to＋名詞」や「名詞＋by＋名詞」などと
なっている。なお，異形として，「from＋名詞＋to＋名詞」構文
も多く，併せて例としてあげる。

(21)　… the coachman rushed to the door and strove to
　　　force it, while *scream after scream* issued from within.
　　　　　　　　　　　　　　　　　　　　(The Crooked Man: 414)
　　　（馬車の従者はドアに飛んでいき，無理に開けようとした。す
　　　ると叫び声が次々と中から発せられた）［主語］

(22)　"All the rest of the night I tossed and tumbled, fram-
　　　ing *theory after theory*, each more unlikely than the
　　　last."　　　　　　　　　　　　　　(The Yellow Face: 356)
　　　（「その夜の間中寝返りを打って，理論また理論と練るが，それ
　　　ぞれは最後のものよりあり得そうになかった」）［目的語］

(23)　"Let me put it to you as *man to man*."
　　　　　　　　　　　　　　　　　　(The Illustrious Client: 988)
　　　（「男同士であなたに頼みましょう」）

(24)　A quarter of an hour later the table had been cleared
　　　and we were *face to face*.
　　　　　　　　　　　　　　　　(The Problem of Thor Bridge: 1055)
　　　（15 分後テーブルは片付けられ，われわれは差し向かいになっ
　　　た）

(25)　For my own part, I had followed *step by step* the
　　　methods by which …　　　　　(The Six Napoleons: 591)
　　　（私としては，その方法に一歩一歩従った，それにより）

(26) "The man entered and took the papers, *sheet by sheet*, from the central table." (The Three Students: 599)

(「男は中に入り，校正刷りを一枚一枚中央のテーブルから取っていった」)

(27) "... for otherwise I shall keep on piling *fact upon fact* on you until ..." (The Red-Headed League: 176)

(「そうでなければ，君に事実を次から次へと積み重ね続けることになるだろうよ」)

(28) "If we could fly out of the window *hand in hand* ..."

(A Case of Identity: 191)

(「手と手をとって窓から飛んでいけたら」)

(29) ... he travelled *from town to town* through the United States in quest of his enemies.

(A Study in Scarlet: 75-76)

(彼は敵を求めて合衆国中を街から街へと旅行した)

(30) That fellow will rise *from crime to crime* until he does something very bad, and ends on a gallows.

(A Case of Identity: 201)

(あの男は犯罪から犯罪へと広がって，ついに非常に悪いことをしでかし，絞首刑で終わることになる)

(31) We scrambled *from rock to rock* until in a few months we had made our way to a point ...

(The Priory School: 552)

(われわれは岩から岩へとよじ登り，ついに数カ月後ある地点まで進んだ)

第19章 イディオムと構文　151

## 3.4. 複合前置詞 (Complex preposition)

　この構文は「前置詞＋名詞句＋前置詞」という連鎖を構成し，Sherlock Holmes の英語のみならず，他のジャンルにもきわめて多く頻出する。

(32) "He would seize the coat, then, and be *in the act of* throwing it out …"　(The Man with the Twisted Lip: 236)
（「彼はコートを掴んで，それを外に放り投げようとした」）

(33) "He was *on the point of* telling me something."

(His Last Bow: 922)

（「彼は私に何かを話そうとした」）

(34) … as one who is not sure whether he is *on the verge of* a windfall or of a catastrophe.

(The Blue Carbuncle: 254)

（余得か破滅の瀬戸際にいるか否か確かでない人として）

(35) "An inspection of his chair showed me that he had been *in the habit of* standing on it …"

(The Speckled Band: 273)

（「この椅子を調べたところ，彼はそこに立っている習慣があることが分かった」）

(36) "I find myself placed in such a position through your continual persecution that I am *in positive danger of* losing my liberty."　(The Final Problem: 472)
（「自由を失う確かな危険性があると君が絶えず攻め立てるので，こんな羽目になってしまった」）

(37) *At the risk of* telling you a twice-told tale, I will reca-

pitulate the facts …                        (The Empty House: 483)

(言い古された話をすることを承知の上で，事実をまとめてみ
よう)

(38)　"I am *in hopes of* getting it.  That is why I am here."

(The Second Stain: 665)

(「私はそれを手に入れることを願っています。だからこそここ
にいるのです」)

(39)　"He made a journey abroad *in the hope of* breaking
himself out of the passion."　　(The Creeping Man: 1074)

(「彼は情熱をさますことを願って海外に出ました」)

(40)　… justice must be done, and that the depravity of the
victim was no condonement *in the eyes of* the law.

(A Study in Scarlet: 37)

(法の裁きは受けなければならないし，犠牲者〔被害者〕の悪
行は法律の目からはなんら大目に見るべきではない)

(41)　"I was badly *in need of* a case, and this looks, from
the man's impatience, as if it were of importance."

(The Yellow Face: 351)

(「私は事件をとても必要としているんだが，その男の苛立ちか
らして，それはどうやら大事件らしい」)

### 3.5.　動詞＋one's way

　この構文はこれまで，認知文法から最近の構文文法まで多くの
言語学者の注目を集めている。詳しくは次の参考文献参照。
Akimoto (1983: 301-307), Israel (1996), Mondorf (2011),
Traugott and Trousdale (2013) など。

第19章 イディオムと構文　　153

　この構文の特徴は，'動詞＋one's way' の後に副詞あるいは前置詞句がくるということであり，'way' は不可算名詞であることなどである。

　なお，歴史的には Israel（1996）は 15 世紀以降であると述べているが，その原型はすでに後期古英語期に存在する（Brinton and Akimoto（1999: 50））。

(42)　He could climb like a cat, and he soon *made his way through* the roof.　　　　　　（The Sign of Four: 156）
　　　（彼は猫のように登り，すぐに屋根から出て行った）

(43)　"He has little time, for he has heard the scuffle downstairs when the wife tried to *force her way up*, and …"
　　　　　　　　　　　　　　（The Man with the Twisted Lip: 236）
　　　（「彼には多少時間があった。というのも妻が無理に上ろうとした時，下でいさかいを彼は聞いたからだ」）

(44)　"I fancy that every one of his cases has *found its way into* your collection …"　　　（The Abbey Grange: 636）
　　　（「彼の事件の一つ一つが君の収集品になっていったと思う」）

(45)　"She *fought her way out* again."　　（Wisteria Lodge: 884）
　　　（「彼女は再び押しのけて進んでいった」）

(46)　This conversation had occurred while our cab had been *threading its way through* a long succession of dingy streets and dreary byways. (A Study in Scarlet: 34)
　　　（長く続いている陰気な通りとわびしい横道を馬車が縫うように進んでいる間にこの会話が始まった）

(47)　We had *picked our way among* groups of dirty children ...                                    (A Study in Scarlet: 34)

（汚い子供のグループの間を気をつけて進んだ）

(48)    ... he departed for Europe, and tracked his enemies
        from city to city, *working his way in* any menial ca-
        pacity ...                          (A Study in Scarlet: 76)

（彼はヨーロッパに出発した。そして都市から都市へ敵を捜し，
卑しい仕事をして生活を立てていた）

(49)    "... she endeavoured to *push her way in*, uttering very
        abusive expressions towards my wife ..."

                                          (The Noble Bachelor: 293)

（「彼女は私の妻に向かってひどいことを言い，押しのけて進も
うとした」）

(50)    Holmes *edged his way round* the wall, and flinging the
        shutters together ...              (The Final Problem: 469)

（ホームズは壁の周りをじりじり進んだ。そしてシャッターを
いきおいよく閉めた）

(51)    ... conscious only of the glorious sunshine which was
        *bursting its way through* the hellish cloud of terror ...

                                            (The Devil's Foot: 965)

（恐ろしい雲間を破って入る神々しい日光を意識して）


## 3.6.  その他

最後に興味深いイディオムの使い方を観察してみよう。まず次
の例を見てみよう。

(52)    "*My face lengthened* at this, Mr. Holmes, for I thought

第19章 イディオムと構文　　155

I was not to have the vacancy after all …"

(The Red-Headed League: 180)

(「これを見ると暗くなりますよ，ホームズさん。といいますの
も結局欠員がないのではないかと思ったからです」)

(53) 'Don't be disheartened, Mr. Pycroft,' said my new ac-
quaintance, seeing *the length of my face*.

(The Stock-Broker's Clerk: 367)

(「がっかりしないでください，パイクロフトさん」と私の憂鬱
な顔を見て，私の新しい知り合いは言った)

これらの例は，本来のイディオム 'a long face'（不機嫌な顔）
を，（52）の場合は動詞に，（53）の場合は名詞にそれぞれ 'long'
をかえることにより，文脈に則した表現になっている。

(54) "But what I *can't make head or tail of*, Mr. Holmes, is
how on earth you got yourself mixed up in the mat-
ter."　　　　　　　　　　　　　　　(His Last Bow: 913)

(「さっぱり分からないのは，ホームズさん，一体何だってあな
たがこの事件に巻き込まれたのですか」)

(55) "I *can make neither head nor tail of* it."

"The head is surely clear enough and the tail we
should see to-morrow."　　(The Three Garridebs: 1051)

(「私には頭も尾も分かりません」「頭は確かにはっきりしてい
ますが，尾のほうは明日見るはずです」)

'Make head(s) or tail(s) of' は通常否定文内に用いられ，「～を
理解できない」という意味であるが，（55）では，'head' と 'tail'

をそれぞれ文字通りに取り，会話を面白くしている。

　イディオムは必ずしも固定した表現として使われるだけでなく，ある程度の柔軟性を持っているものも多くある。Nunberg et al. (1994) はこの種のイディオムをイディオム的結合表現 (idiomatically combining expression: *pull strings*) と呼び，イディオム句 (idiomatic phrase: *kick the bucket*) と区別している。そのようなイディオムの柔軟性を利用することにより，会話を面白くする 'principle of interest' (cf. Leech (1983)) を見過ごしてはならない。

# 第 20 章 　情報構造

## 1. 　はじめに

Sherlock Holmes の英語を含めた後期近代英語の文構造の特徴として，現代英語と異なる倒置構造が多く見られる。

英語の語順は通常「主語＋動詞＋目的語／補語＋付加詞」であるが，その通常の語順に操作を加えることにより，別の語順を派生させることができる。これはメッセージの中で最も伝えたいものを聞き手／読者に誤りなく伝える工夫であり，伝達機能上必要な操作である。このような「有標構文」を使う背後には談話内での情報の新／旧や多／少が関わってくる。以下 Quirk et al. (1985: Ch. 18) を中心に，このような有標構造の種類についてまず見ていく（プロソディーは除く）。

## 2. 　先行研究

Hartvigson and Jakobsen (1974), Quirk et al. (1985: Ch.

18), Birner and Ward (1998), Carter and McCarthy (2007: 778–824) など。

## 3. 有標構造

i) 文法的面

(a) 前景化：*Most of these problems* a computer could take in its stride.（これらの大部分の問題はコンピュータは難なく乗り越えることができた）

(b) 倒置：Here *comes* my brother.（兄が来ます）

(c) 分裂文／擬似分裂文：It is his callousness that I shall ignore.（私が無視するのは彼の冷淡な態度だ）［分裂文］／What I shall ignore is his callousness.［擬似分裂文］

ii) 倒置

(a) 態：

Who makes these tablemats?

They are made by my sister-in-law.

（誰がこのテーブルマット作るのか？義理の姉に作ってもらいます）

(b) 外位置：

It is a pleasure *to teach her*.

（彼女を教えるのは楽しい）

第 20 章 情報構造 159

(c) 目的語とパラフレーズ：

She gave $\left\{ \begin{array}{l} \text{her brother} \\ \text{him} \end{array} \right\}$ a SIGnet ring.

She gave a signet ring to her BROTHER.

She gave her BROTHER a SIGnet ring.

(d) 非連続名詞句：

A rumour circulated widely *that he was secretly engaged to the Marchioness*.

Cf. *A rumour that he was secretly engaged to the Marchioness* circulated widely. (彼が侯爵夫人と密かに婚約したという噂が広く流れた)

(e) その他：比較文における相関項目などの非連続構文や

(i) 存在文 (there sentence)

(ii) 感情的強調： Mary WILL be pleased. (メアリーは喜んでいるでしょう)

(iii) 補強

a. 繰り返しおよび「代理」代名詞： It's *far, far* too expensive. (とても，とても高い)

b. 補足的付加： They're all the same, these politicians. (彼らはみんな同じだ，これらの政治家ときたら)

Carter and McCarthy (2006: 778-824) は情報包装 (information packaging) の下に，以下の種類をあげている。

(i) 語順と焦点 (focus)

(ii) 受動態

(iii) 発話描出

(i) はさらに，前置（fronting），主要部と末尾部，構造上の選択が含まれる。構造上の選択は上記 Quirk et al. (1985) で述べられていることと多くは重なり合う。

(iii) には直接話法や間接話法，視点（viewpoint）に基づいた時制や指示，さらにはいわゆる史的現在などが含まれる。話法動詞の中には，'say' や 'tell' などが代表的であるが，感情を声に出して表現する動詞（cry, moan, shriek など）にも言及している。

## 4. 倒置

倒置に関する研究としては，古くはやや規範的な Fowler (1919) があり，近代英語の語順を論じている Jacobsson (1951) がある。Jacobsson (1951) は初期近代英語期の倒置に焦点を当てながら，1370 年から 1722 年まで，種々のテキストを基に，否定語や 'so' および接続副詞（then, now）などと倒置の関係を論じている。

現代英語に限って言えば，Hartvigson and Jakobsen (1974)，Green (1976, 1982)，Dorgeloh (1997) などの研究がある。その他，談話構造との関係で語順を扱っているものとしては，Gundel (1988)，Birner and Ward (1998) などがあり，そこでは非標準的語順として，前位置化（preposing）と後位置化（post-posing）を論じている。

Sherlock Holmes の英語では，さまざまな語順が観察され，

興味深い。以下はそれらの例である。


## 5. 倒置の種類

### 5.1. So＋形容詞

この例は非常に多い。主語は名詞，代名詞があるが，共に 'be' 動詞が倒置されている。Jacobsson (1951) には倒置されない例もある。

(1) *So great* was his emotion *that* I felt sincerely sorry for him, while the two detectives smiled derisively …

(A Study in Scarlet: 49)

（彼の感情が非常に高ぶっていたので，彼には心から同情した。その一方，2 人の探偵は嘲笑いの笑みを浮かべていた）

(2) *So furious* was he *that* he was hardly articulate …

(The Hound of the Baskervilles: 693)

（非常に怒っていたので，ほとんど言葉を明瞭に発せられなかった）

(3) *So absorbed* was he in his thoughts, I remember, *that* he stumbled over the water-pot …

(The Devil's Foot: 959)

（彼は考えにあまりにも夢中になっていたので，思い出すと，彼は水差しにつまずいてしまった）


### 5.2. 否定語

(4) *Not a word more could* I draw from him until we were

back at the trainer's house.　　　　　(Silver Blaze: 346)

（調教師の家に戻るまでそれ以上彼から言葉を引き出せなかった）

(5) *Under no conceivable circumstances were* plans to be taken from the office.　(The Bruce-Partington Plans: 916)

（考えられるどんな状況においても計画書はオフィスから取り出されることはない）

(6) *Seldom in any human head have* I seen a pair which bespoke a more intense inward life ...

(The Three Garridebs: 1045)

（どんな人間の頭の中にもこれほど強い内なる人生を語っている目を見たことはめったにない）


## 5.3.　目的語の倒置

(7) "*A pretty mess* you've made od the carpet."

(The Reigate Puzzle: 405)

（「カーペットをかなり台無しにしてしまったね」）

(8) "And *a singularly consistent investigation* you have made, my dear Watson," said he.

(The Disappearance of Lady Frances Carfax: 946)

（「ずいぶん一貫した調査をしたね，ワトソン君」と彼は言った）


## 5.4.　補語の倒置

(9) "*Very interesting reading* it might be made, too," remarked Sherlock Holmes ...　(A Study in Scarlet: 18)

第 20 章　情報構造　　163

（「それはとても面白い読み物になるだろう」とシャーロック・
ホームズは述べた）

(10)　"And *an exceedingly interesting case* it appears to be."

(The Noble Bachelor: 291)

（「それはとても面白そうな事件に見える」）

## 5.5.　What / How 文の倒置

(11)　*What the scene meant* I could not imagine, but …

(The Hound of the Baskervilles: 719)

（その場面が意味することは想像できないが）

(12)　"*What his object was* I fail to understand."

(The Three Garridebs: 1051)

（「彼の目的は何なのか私には理解できない」）

(13)　"*How a beastman could have laid his vile paws upon such a being of the beyond* I cannot imagine."

(The Illustrious Client: 991)

（「どのようにして動物のような男が遠いかなたの人間に魔手を
伸ばせたか想像できない」）

## 5.6.　右方転移

(14)　"He was a sportsman, *was Godfrey*, down to his marrow …"　　　　　(The Missing Three-Quarter: 624)

（「彼はスポーツマンだった，ゴッドフリーは，骨の髄まで」）

(15)　She was an interesting person, *this stern Australian nurse*—taciturn, suspicious, ungracious …

(The Abbey Grange: 644)

（彼女は面白い人だった，この厳しいオーストラリア人看護婦
は，無口で，疑い深く，品がなくて）

(16) He was a very bustling and genial person, *this Sussex detective.* (The Valley of Fear: 785)

（彼は活気に満ちており，気さくな人だった，このサセックス
の探偵は）

(17) "He is a hard nail, is *Colonel Emsworth.*"

(The Blanched Soldier: 1001)

（「彼は強健な男ですからね，エムズワース大佐は」）


## 5.7. **If のない仮定法** (cf. 第6章)

(18) It was a strange sight, *had* there been anything but the buzzards to see it. (A Study in Scarlet: 55)

（見ているのがコンドルだけだとしたら，奇妙な景色だった）

(19) "*Should* it prove to be an interesting case, you would, I am sure, wish to follow it from the outset."

(The Specled Band: 258)

（「それが面白い事件であることがわかったら，初めから追って
いきたいと思うだろうね」）

(20) *Were* it not for the ugly wound upon my hand, all that had passed during those dreadful hours might have been an evil dream. (The Engineer's Thumb: 284)

（もし手に醜い傷がなかったなら，この恐ろしい時間に過ぎ去っ
たすべてが悪夢だと思ったことだろう）

第 20 章　情報構造　　165

## 5.8.　その他の倒置

(21)　*Thrust away behind a curtain in the front room* were
all the clothes of Mr. Neville St. Clair, with the excep-
tion of this coat.　　　(The Man with the Twisted Lip: 235)
（前の部屋にあるカーテンの後ろに投げ捨てられていたのはネ
ビル・セイント・クレアさんの服であるが，ただしコートは違
うが）

投げ捨てられたことが強調されている。

(22)　"With that I offered in as many words to marry her,
but before she could answer, *down came this brother
of hers, running at us with a face on him like a mad-
man.*"　　　　　　　(The Hound of the Baskervilles: 720)
（「そう言って，私は多くの言葉で彼女に結婚を申し込んだが，
彼女が答えないうちに，彼女の兄が気違いのような顔をして，
われわれのところに走ってきた」）

すぐに飛び出してきた動作を強調している。

(23)　Towards this garden the window of the sitting-room
fronted, and from it, according to Motimer Tregennis,
*must come that thing of evil which had by sheer hor-
ror in a single instant blasted their minds.*

(The Devil's Foot: 959)

（庭のほうに居間の窓が面しており，モーティマ・トレグニス
によると，それはまったくの恐怖で一瞬のうちに彼らを狂死さ

せた悪魔のようなものがそこから入ってきたにちがいない)

'that thing of evil' 以下の重い主語が続くため，および 'from it' という句との関連で倒置した。

また，Sherlock Holmes の英語では，'it is ~ that' という形式はまだ十分発達してないようで，that 節が主語の位置にきているのが普通の構造であった。

(24) "*That* all united should fail to enlighten the competent inquirer in any case *is almost inconceivable.*"

(A Study in Scarlet: 23)

(「すべてが一つになるとどんな場合でも，有能な探索者に光を与えないということはほとんど考えられない」)

(25) *That* his advances should be rejected so brusquely without any reference to the lady's own wishes and *that* the lady should accept the situation without protest *is very amazing.* (The Hound of the Baskervilles: 720)

(彼の求婚が婦人の希望に何ら言及せず，まったくそっけなく拒絶されたということ，また婦人が何らの抗議もせずにその状況を受け入れていたということは非常な驚きだ)

## 第21章　固有名詞等

　Sherlock Holmes には地名などの固有名詞が多く出てくる。'The Devil's Foot' の話は Cornwall であり，'The Hound of the Baskervilles' は Devon であり，'Wisteria Lodge' は London の隣の Surrey である。また，'The Valley of Fear' では Kent にある Tunbridge Wells が何度か出てくる。しかし，大部分の話は London を中心にしたもので，その中での動きを地図上見て回るのも面白い。たとえば，次の箇所にはたくさんの場所が出てくる。

　(1)　It was a bitter night, so we drew on our ulsters and wrapped cravats about our throats. Outside, the stars were shining coldly in a cloudless sky, and the breath of the passers-by blew out into smoke like so many pistol shots. Our footfalls rang out crisply and loudly as we swung through the doctor's quarter, *Wimpole*

168

*Street*, *Harley Street*, and so through *Wigmore Street* into *Oxford Street*.  In a quarter of an hour we were in *Bloomsbury* at the Alpha Inn, which is a small public-house at the corner of one of the streets which runs down into *Holborn*.　　　　(The Blue Carbuncle: 251)

（身を切るような寒い夜だった。そこでアルスターコートを着込んで，襟巻きを喉の周りに巻きつけた。外は星が雲ひとつない空に寒々と輝いていた。通行人の息がまるでピストルが発射した時のように煙になっていた。われわれは医者街のウィンポール街やハーレイ街をぬけて，ウィグモア街からオックスフォード街を通ると靴音がぱりぱりと音高く響いた。15分ばかりで，われわれはブルームズベリーのアルファ・インに着いた。が，そこはホルボーンに通じる通りの片隅にあるパブ風の小さなところだった）

以下の London の地図を参照。なお，Holmes と Watson が訪れた Bloomsbury にある Alpha Inn というパブは架空の酒場で，実在していない。

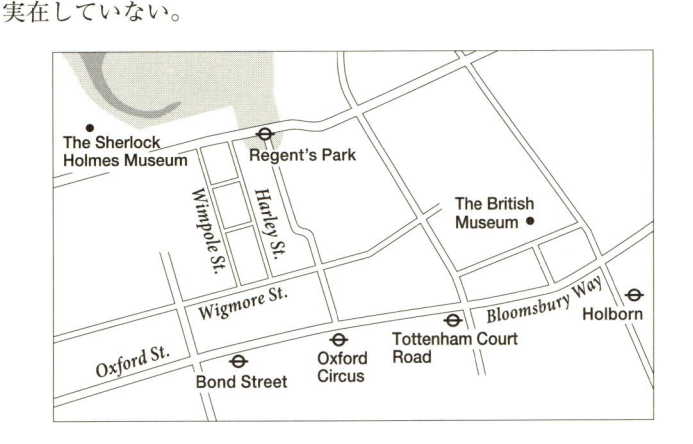

第21章　固有名詞等　　169

よく出る地名として，まず，駅名であるが，Charing Cross
Station (p. 240, 他)，Paddington Station (p. 274, 他)，Waterloo
Station (p. 224, 他) などである。通りでよく出てくるのは，'High
Street'，'Kennington Road'，'Edgware Road' であるが，興味深
いことは，これらの通りには定冠詞がつくことである。次例参照。

(2)　The Black Swan is an inn of repute in *the High Street*,
　　　at no distance from the station.

　　　　　　　　　　　　　　　　　　　(The Copper Beeches: 323)

　　　（ブラックスワンはハイストリートにある評判の宿で，駅から
　　　も遠くなかった）

(3)　"Let us make for Mr. Morse Hudson, of *the Kenning-*
　　　*ton Road* …"　　　　　　　　　(The Six Napoleons: 588)
　　　（「ケニング・ロードのモース・ハドソンさんのところに行って
　　　みよう」）

(4)　He walked swiftly and in silence for some few min-
　　　utes until we had turned down one of the quiet streets
　　　which lead towards *the Edgware Road*.

　　　　　　　　　　　　　　　　　　　(A Scandal in Bohemia: 172)

　　　（彼は素速く歩いて行った。黙って，数分間するとエッジウエ
　　　ア・ロードに通じる静かな通りのところを一つ曲がった）

Jespersen (1961, VII: 552-555) によると，'street' は通常ゼ
ロ冠詞である (Oxford Street) が，'High Street' は 'the' を取っ
ている。'Road' は 'the' を取ることが多い。例：the Edgeware
Road＝the road to Edgeware。また，樋口 (2003: 315-316) の
コメントも参照。なお，Swan (1995: 69) では，通りの名前は

冠詞がつかないとして，次の例をあげている。

New Street, Willow Road

その他，医者街として知られている，Harley Street（p. 251, 他）や Tottenham Court Road（p. 245, 他）などがときどき出てくる。

それ以外によく出てくる場所名として，Scotland Yard（ロンドン警視庁，p. 51, 他），London Bridge（p. 918, 他），Westminster Bridge（p. 949, 他）などがある。

# 参 考 文 献

**テキスト**

*The Penguin Complete Sherlock Holmes by Sir Arthur Conan Doyle*.
Forward by Ruth Rendell. 2009. London: Penguin Books

**辞書・著書・論文**

Aarts, Bas, Maria José López-Couso and Belén Méndez-Naya (2012)
"Syntax," *English Historical Linguistics*, Vol. 1, ed. by Alexander
Bergs and Laurel J. Brinton, 869–887, De Gruyter Mouton, Berlin /
Boston.

Akimoto, Minoji (1983) *Idiomticity*, Shinozaki Shorin, Tokyo.

Akimoto, Minoji (1989) *A Study of Verbo-Nominal Structures in English*, Shinozaki Shorin, Tokyo.

秋元実治（編）（1994）『コロケーションとイディオム──その形成と発達
──』英潮社，東京．

Akimoto, Minoji (1999a) "Collocations and Idioms in Late Modern
English," *Collocational and Idiomatic Aspects of Composite Predicates in the History of English*, ed. by Laurel J. Brinton and Minoji
Akimoto, 207–238, John Benjamins, Amsterdam / Philadelphia.

Akimoto, Minoji (1999b) "On the Formulaic Expression 'I dare say',"
*Thought Currents in English Literature* 72, 143–150, Aoyama
Gakuin University.

Akimoto, Minoji (2000) "The Grammaticalization of the Verb 'Pray',"
*Pathways of Change: Grammaticalization in English*, ed. by Olga
Fischer, Anette Rosenbach and Dieter Stein, 67–84, John Benjamins, Amsterdam / Philadelphia.

秋元実治（2003）「イディオムと構文」『英語青年』5, 118–120.

Akimoto, Minoji (2008) "Rivalry among the Verbs of Wanting," *English Historical Linguistics 2006, Vol. II: Lexical and Semantic*

*Change*, ed. by Richard Dury, Maurizio Gotti and Marina Dossena, 117–138, John Benjamins, Amsterdam／Philadelphia.

秋元実治（編）(2010)『Comment Clause の史的研究——その機能と発達——』英潮社フェニックス，東京.

秋元実治 (2011)「シャーロック・ホームズの英語に見られる挿入詞の機能」『歴史語用論入門』，高田博行・椎名美智・小野寺典子（編著），91–109，大修館書店，東京.

Akimoto, Minoji (2013) "On the Development of the Subjective and Discoursal Functions of *by the way*," *Studies in Modern English*, ed. by Ken Nakagawa, 37–50, Eihosha, Tokyo.

秋元実治 (2014)『増補文法化とイディオム化』ひつじ書房，東京.

秋元実治 (2015)「*Be going to* 再考」『よき代案を絶えず求めて』，江頭浩樹ほか（編），120–129，開拓社，東京.

Allan, Keith (1977) "Classifiers," *Language* 53, 285–311.

Arnaud, Rene (1998) "The Development of the Progressive in 19th Century English: A Quantitative Survey," *Language Variation and Change* 10, 123–152.

Athanasiadou, Angeliki and Rene Dirven, eds. (1997) *On Conditions Again*, John Benjamins, Amserdam／Philadelphia.

Bäcklund, Ingegerd (2006) "Modifiers Describing Women and Men in Nineteenth-century English," *Nineteenth-Century English*, ed. by Merja Kytö, Mats Ryden and Erik Smitterberg, 17–55, Cambridge University Press, Cambridge.

Beths, Frank (1999) "The History of 'Dare' and the Status of Unidirectionality," *Linguistics* 37:6, 1069–1110.

Biber, Douglas, Stig Johansson, Geoffrey Leech, Susan Conrad and Edward Finegan (1999) *Longman Grammar of Spoken and Written English*, Longman, London.

Birner, Betty J. and Gregory Ward (1998) *Information Status and Non-canonical Word Order in English*, John Benjamins, Amsterdam／Philadelphia.

Bolinger, Dwight (1971) "The Nominal in the Progressive," *Linguistic Inquiry* 2, 246–250.

Bolinger, Dwight (1971) "A Further Note on the Nominal in the Progressive," *Linguiatic Inquiry* 2, 584–586.

Bolinger, Dwight (1977) *Meaning and Form*, Longman, London.

Breivik, Leiv Egil (1983) *Existential There: A Synchronic and Diachronic Study*, University of Bergen, Bergen.

Brinton, Laurel (1996) *Pragmatic Markers in English*, Mouton de Gyuter, Belin / New York.

Brinton, Laurel (2008) *The Comment Clause in English*, Cambridge University Press, Cambridge.

Brinton, Laurel and Minoji Akimoto, eds. (1999) *Collocational and Idiomatic Aspects of Composite Predicates in the History of English*, John Benjamins, Amsterdam / Philadelphia.

Busse, Ulrich (2002) *Linguistic Variation in the Shakespeare Corpus*, John Benjamins, Amsterdam / Philadelphia.

Cacciari, Cristina and Patrizia Tabossi, eds. (1993) *Idioms: Processing, Structure, and Interpretation*, Lawrence Erlbaum Associates, Hilsdale, NJ.

Carter, Ronald and Michael McCarthy (2006) *Cambridge Grammar of English*, Cambridge University Press, Cambridge.

Cattell, Ray (1984) *Syntax and Semantics Composite Predicates in English 17*, Academic Press, Sydney.

Chafe, Wallace (1968) "Idiomaticity as an Anomaly in the Chomskyan Paradigm," *Foundations of Language* 4, 107–127.

Charlston, Britta (1960) *Studies on the Emotional and Affective Means of Expression in Modern English*, Francke Verlag Bern, Switzerland.

千葉修司 (2013)『英語の仮定法』開拓社, 東京.

Claridge, Claudia (2007) "Conditionals in Early Modern English Texts," *Connectives in the History of English*, ed. by Ursula Lenker and Anneli Meurman-Solin, 229–254, John Benjamins, Amsterdam / Philadelphia.

Claridge, Claudia and Merja Kytö (2014) "You are a bit of a sneak: Exploring a Degree Modifier in the *Old Bailey Corpus*," *Late*

*Modern English Syntax*, ed. by Marianne Hundt, 239–268, Cambrdige University Press, Cambridge.

Cowie, A. P., ed. (2001) *Phraseology: Theory, Analysis, and Applications*, Oxford University Press, Oxford.

Crawford, William J. (2009) "The Mandative Subjunctive," *One Language, Two Grammars?*, ed. by Günter Rohdenburg and Julia Schlüter, 257–276, Cambridge University Press, Cambridge.

Curme, George (1959) *Syntax*, Maruzen edition, Maruzen, Tokyo.

Dancygier, Barbara (1998) *Conditionals and Prediction*, Cambridge University Press, Cambridge.

Declerck, Renaat and Susan Reed (2001) *Conditionals*, Mouton de Gryuter, Berlin / New York.

Dehé, Nichole and Yordanka Kavalova (2007) *Parentheticals*, John Benjamins, Amsterdam / Philadelphia.

Denison, David (1998) "Syntax," *The Cambridge History of the English Language*, ed. by Suzanne Romaine, 92–329, Cambridge University Press, Cambridge.

Dixon, Robert M. W. (2005) *A Semantic Approach to English Grammar*, Oxford University Press, Oxford.

Dorgeloh, Heidrun (1997) *Inversion in Modern English*, John Benjamins, Amsterdam / Philadelphia.

Fernando, Chitra (1996) *Idioms and Idiomaticity*, Oxford University Press, Oxford.

Fowler, H. W. "On Grammatical Inversions," *S.P.E. Tracts I*, 279–301, Oxford University Press / Senjo Publishing Company.

Frary, Louise G. (1929) *Studies in the Syntax of the OE Passive, with Special Reference to the Use of 'Wesan' and 'Weorðan'*, Language Dissertation No. 5, Linguistic Society of America.

福村虎次郎 (1998 [1965]) 『英語態 (Voice) の研究』 北星堂書店, 東京.

Givón, T. and Lynne Yang (1994) "The Rise of the English GET-Passive," *Voice: Form and Function*, ed. by Barbara Fox and Paul J. Hopper, 119–149, John Benjamins, Amsterdam / Philadelphia.

Görlach, Manfred (1991) *Introduction to Early Modern English*, Cambridge University Press, Cambridge.

Görlach, Manfred (1999) *English in Nineteenth-Century English*, Cambridge University Press, Cambridge.

Granger, Sylviane (1983) *The Be-Past Particle Construction in Spoken English*, North-Holland, Amsterdam / New York / Oxford.

Green, Georgia (1976) "Main Clause Phenomena in Subordinate Clauses," *Language* 52, 382–397.

Green, Georgia (1982) "Colloquial and Literary Uses of Inversions," *Spoken and Written Language IX*, ed. by Deborah Tannen, 119–153, Alex, NJ.

Greenbaum, Sidney (1969) *Studies in English Adverbial Usage*, Longman, London.

Gundel Jeanette (1988) *The Role and Topic and Comment in Linguistic Theory*, Garland, New York / London.

Gustafsson, Larisa Oldireva (2006) "The Passive in Nineteenth-century Scientific Writing," *Nineteenth-Century English*, ed. by Merja Kytö, Mats Ryden and Erik Smitterberg, 110–135, Cambrige University Press, Cambridge.

Harsh, Wayne (1968) *The Subjunctive in English*, University of Alabama Press, Alabama.

Hartvigson, Hans H. and Leif Kvistgaard Jakobsen (1974) *Inversion in Present-Day English*, Odense University Press, Odense.

Hatcher, A. G. (1949) "To Get / Be Invited," *Modern Language Notes* 64, 433–446.

Hatcher, A. G. (1951) "The Use of the Progressive Form in English: A New Approach," *Language* 27, 254–280.

林龍次郎 (2010)「NPN 構文の統語的位置」『英語研究の次世代に向けて』, 吉波弘他 (編), 67-78, ひつじ書房, 東京.

樋口昌幸 (2003)『現代英語冠詞辞典』大修館書店, 東京.

Hirtle, Walter H. (1970) "-Ed Adjectives like "verandahed" and "blue-eyed"," *Journal of Linguistics* 6, 19–36.

Hoye, Leo (1997) *Adverbs and Modality in English*, Longman, Lonon / New York.

Huddleston, Rodney and Geoffrey Pullum (2002) *The Cambridge Grammar of the English Langauge*, Cambridge University Press, Cambridge.

Hudson, Richard A. (1975) "Problems in the Analysis of Ed-adjectives," *Journal of Linguistics* 11, 69-72.

Hundt, Marianne (2001) "What Corpora Tell us about the Grammaticalization of Voice in *Get*-Constructions," *Studies in Language* 25, 49-88.

Israel, Michael (1996) "The *Way* Constructions Grow," *Conceptual Structure, Discourse and Language*, ed. by Adele E. Goldberg, 217-230, CSLI Publications, California.

Jackendoff, Ray (2008) "Construction after Construction and its Theoretical Challenges," *Language* 84, 8-28.

Jacobson, Sven (1964) *Adverbial Positions in English*, AB STUDENT-BOK, Uppsala.

Jacobson, Sven (1975) *Factors Influencing the Placement of English Adverbs in Relation to Auxiliaries*, Almqvist & Wiksell International, Stockholm.

Jacobsson, Bengt (1951) *Inversion in English with Special Reference to the Early Modern English Period*, Almqvist and Wilsells, Uppsala.

James, Francis (1986) *Semantics of the English Subjunctive*, University of British Columbia Press, Vancouver.

Jespersen, Otto (1961) *A Modern English Grammar on Historical Principles*, 7 vols, George Allen & Unwin, London / Ejnar Munksgaard, Copenhagen.

Jucker, Andreas H. (1997) "The Discourse Marker *Well* in the History of English," *English Language and Linguistics* 1, 91-110.

Jucker, Andreas H. and Yael Ziv (1998) *Discourse Markers: Descriptions and Theory*, John Benjamins, Amsterdam / Philadelphia.

Kamono, Yuko (2010) "A Study of Comment Clauses in the Sherlock Holmes Stories," Graduation thesis, Aoyama Gakuin University.

Kjellmer, Goran (1980) " "There Is No Hiding You in the House" on a

Modal Use of the English Gerund," *English Studies* 61, 47–60.

Kjellmer, Goran （2009） "The Revised Subjunctive," *One Language, Two Grammars?*, ed. by Günter Rohdenburg and Julia Schlüter, 246–256, Cambridge University Press, Cambridge.

Kirchner, Gustav （1952） *Die Zehn Hauptverben des Englishcen*, Niemyer, Halle.

Kranich, Svenja （2010） *The Progressive in English: A Corpus-Based Study of Grammaticalization and Related Changes*, Rodopi, Amsterdam／New York.

Krug, Manfred G. （2000） *Emerging English Modals*, Mouton de Gruyter, Berlin／New York.

Kytö, Merja, Mats Ryden and Erik Smitterberg, eds. （2006） *Nineteenth-Century English*, Cambridge University Press, Cambridge.

Leech, Geoffrey （1983） *Principles of Pragmatics*, Longman, London.

Leech, Geoffrey, Marianne Hundt, Christian Mair and Nicholas Smith （2009） *Change in Contemporary English*, Cambridge University Press, Cambridge.

Ljung, Magnus （1976） "-Ed Adjectives Revisited," *Journal of Linguistics* 12, 159–168.

Lŏpez-Couso, Marĭa Josĕ （2007） "The History of *Lest*". *Connectives in the History of English*, ed. by Ursula Lenker and Anneli Meurman-Solin, 11–29, John Benjamins, Amsterdam／Philadelphia.

Los, Bettelou （2005） *The Rise of the To-Infinitive*, Oxford University Press, Oxford.

Lutzky, Ursula and Jane Demmen （2013） "*Pray* in Early Modern English," *Journal of Historical Pragmatics* 14, 263–284.

Marchand, Hans （1969） *The Categories and Types of Present-Day English Word-Formation*, C. H. Beck, Munchen.

Mair, Christian （2002） "Three Changing Patterns of Verb Complementation in Late Modern English: A Real-time Study Based on Matching Text Corpora," *English Language and Linguistics* 6, 105–131.

Matsumoto, Meiko （2008） *From Simple Verbs to Periphrastic Expres-*

*sions: The Historical Development of Composite Predicates, Phrasal Verbs, and Related Constructions in English*, Peter Lang, Bern.

松山哲也 (2005)「NPN 構文の共時的・通時的考察」『文法化―新たな展開―』, 秋元実治・保坂道雄 (編), 169-191, 英潮社, 東京.

Mazzon, Gabriella (2012) "*I'm Afraid* I'll Have to Stop Now … Your Time Is Up, *I'm Afraid.* Corpus Studies and the Development of Attitudinal Markers," *Studies in Variation, Contacts and Change in English* 11, 1-19, Helsinki University.

Moessner, Lilo (1994) "Early Modern English Passive Constructions," *Studies in Early Modern English*, ed. by Dieter Kastrovsky, 217-231, Mouton de Gruyter, Berlin/New York.

Molencki, Rafał (1999) *A History of English Counterfactuals*, Wydawnictwo Uniwersytetu Slaskiego, Katowice.

Mondorf, Britta (2011) "Variation and Change in English Resultative Constructions," *Language Variation and Change* 22, 397-421.

Moon, Rosamund (1998) *Fixed Expressions and Idioms in English*, Clarendon Press, Oxford.

Nagashima, Daisuke (1992) *A Historical Study of the Introductory There*, Kansai Gaidai University Publication, Osaka.

Nesselhauf, Nadja (2010) "The Development of Future Time Expressions in Late Modern English: Distribution of Forms or Change in Discourse?" *English Language and Linguistics* 14, 163-186.

Nunberg Geoffrey, Ivan A. Sag and Thomas Wasow (1994) "Idioms," *Language* 70, 491-538.

Övergaard, Gerd (1995) *The Mandative Subjunctive in American and British English in the 20th Century*, Acta Universitatis Upsaliensi, Uppsala and Almqvist and Wiksell, Stockholm.

OALD = *Oxford Advanced Learner's Dictionary*, New 9th ed., 2015, Oxford University Press, Oxford/旺文社.

OED = *Oxford English Dictionary*, 2nd ed., 1989, ed. by Simpson, John A. and Edmund S. C. Weiner, Clarendon Press, Oxford.

Paterson, Michael（2008）*A Brief History of Life in Victorian Britain*, Running Press, London.

Peitsara, Kirsti（1997）"The Development of Reflexive Strategies in English," *Grammmicaliztion at Work*, ed. by Matti Rissanen, Merja Kytö and Kirsi Heikkonen, 277–370, Mouton de Gruyter, Berlin / New York.

Phillipps, K. C.（1984）*Language and Class in Victorian England*, Blackwell, Oxford.

Poutsma, Hendrik（1914–29）*A Grammar of Late Modern English*, Noordhoff, Groningen / Senjo Publishing Co., Tokyo.

Quirk, Randolph（1995）*Grammatical & Lexical Variance in Engish*, Longman, London / New York.

Quirk, Ranolph, Sidney, Greenbaum, Geoffrey Leech and Jan Svartvik（1985）*A Comprehensive Grammar of the English Language*, Longman, London.

Rohdenburg, Günter（1995）"On the Replacement of Finite Complement Clauses by Infinitives in English," *English Studies* 76, 367–388.

Rohdenburg, Günter（2007）"On Functional Constraints in Syntactic Change: The Rise and Fall of Prepositional Constructions in Early and Late Modern English," *English Studies* 88, 217–233.

Rohdenburg, Gŭnter（2009）"Reflexive Structures," *One Language, Two Grammars?*, ed. by Gŭnter Rohdenburg and Julia Schlüter（eds.）, 166–181.

Rohdenburg, Gŭnter and Julia Schlüter, eds.（2009）*One Language, Two Grammars?*, Cambridge University Press, Cambridge.

Rudanko, Juhani（1989）*Complementation and Case Grammar: A Syntactic and Semantic Study of Selected Patterns of Complementation in Present-Day English*, State University New York Press, Albany.

Rudanko Juhani and Lea Luodes（2005）*Complementation in British and American English*, University Press of America, Maryland.

Scheffer, Johannes（1975）*The Progressive in English*, North-Holland, Amsterdam / Oxford.

Schiffrin, Deborah (1987) *Discourse Markers*, Cambridge University Press, Cambridge.

Schiffrin, Deborah (2001) "Discourse Markers: Language, Meaning, and Context," *The Handbook of Discourse Analysis*, ed. by Deborah Schiffrin, Deborah Tannen and Heidi E. Hamilton, 54–75, Blackwell, Oxford.

Sellgren, Ellina (2010) "*Prevent* and the Battle of the *-Ing* Clauses: Semantic Divergence?" *English Historical Linguistics 2008, Vol I: The History of English Verbal and Nominal Constructions*, ed. by Ursula Lenker, Judith Huber and Robert Mailhammer, 45–62, John Benjamins, Amsterdam / Philadelphia.

Seoane-Posse, Elena (1996) *The Passive Vloice in Early Modern English: A Corpus-Based Study*, Servicio de Publicaciones, Universidade de Santiago.

Sinclair, John, ed. (1990) *Collins Cobuild English Grammar*, Collins, London / Galsgow.

Smitterberg, Erik (2005) *The Progressive in 19th-century English*, Rodopi, Amsterdam / New York.

Stein, Gabriele (1979) *Studies in the Function of the Passive*, Gunter Narr, Tubingen.

Strang, Barbara (1970) *A History of English*, Methuen, London.

Strang, Barbara (1982) "Some Aspects of the History of the Be + ing Construction," *Language Form and Linguistic Variation*, ed. by John Anderson, 427–474, John Benjamins, Amsterdam.

Svartvik, Jan (1966) *On Voice in the English Verb*, Mouton, The Hague.

Swan, Michael (1995) *Practical English Usage*, Oxford University Press, Oxford.

Swan, Toril (1988) *Sentence Adverbials in English: A Synchronic and Diachronic Investigation*, Novus Forlag, Olso.

竹林滋ほか（編）（2002）『研究社新英和大辞典』第 6 版，研究社，東京.

Tissari, Heli (2007) "Compressing Emotion to Politeness: On *I Fear* and *I'm Afraid*," *Change in Meaning and the Meaning of Change*, ed. by Matti Rissanen, Marianne Hintikka, Leena Kaklas-Turka and Rod McConchie, 57–90, Société Néophilologique, Helsinki.

Traugott, Elizabeth C. (2010) "(Inter)subjectivity and (Inter)subjectification: A Reassessment," *Subjectification, Intersubjectication and Grammaticalization*, ed. by Kristin Davidse, Lieven Vandelanotte and Hubert Cuyckens, 29–71, Mouton de Gruyter, Berlin/New York.

Traugott, Elizabeth C. and Graeme Trousdale (2013) *Constructionalization and Constructional Changes*, Oxford University Press, Oxford.

Trudgill Peter, Tettu Nevalainen and Ilse Wischer (2002) "Dynamic *Have* in North America and British Isles English," *English Langauge and Linguistics* 6, 1–15.

Urmson, J. O. (1966 [1952]) "Parenthetical Verbs," *Essays in Conceptual Analysis*, ed. by Anthony Flew, 192–212, Macmillan, London.

Van Bogaert, Julie (2010) "A Constructional Taxonomy of *I think* and Related Expressions: Accounting for the Variability of Complement-taking Mental Predicates," *English Language and Linguistics* 14, 399–427.

Visser, F. Th. (1966–1973) *An Historical Syntax of the English Language*, E J Brill, Leiden.

Watanabe, Takuto (2011) "On the Development of the Immediate Future Use of *Be about to* in the History of English with Special Reference to Late Modern English," *English Linguistics* 28, 56–90.

Wekker, H. Chr. (1976) *The Expression of Future Time in Contemporary British English*, North-Holland, Amsterdam/New York/Oxford.

Westney, Paul (1995) *Modals and Periphrastics in English*, Niemyer, Tübingen.


### その他

『シャーロック・ホームズ辞典』(2003)，ジャック・トレイシー (著)，各務三郎 (監訳)，すずさわ書店，東京．

『ホームズなんでも事典』(2010)，平賀三郎 (編著)，青弓社，東京．

# 索　　引

1. 索引は事項と人名・出典に分けてある。それぞれ，日本語はあいうえお順，英語は ABC 順に並べてある。
2. 数字はページ数字を示す。

## 事　項

### [あ行]

アメリカ英語　13, 43-47
イギリス英語　13, 43-47
移行的合接詞（transitional conjunct）　115
意志動詞　28
イディオム　144, 154, 155
イディオム句（idiomatic phrase）156
イディオム的　25, 61, 143
　　イディオム的意味　13
　　イディオム的結合表現（idiomatically combining expression）　156
イディオム内の要素の代用不可性144
意味的不透明性（semantic opacity）　143
ヴィクトリア朝時代　1, 3, 4
受身形　26

迂言的 'do'　5
迂言的仮定法（periphrastic subjunctive）　43, 47
迂言的表現　43
運動動詞　19, 28
婉曲的間投詞　85

### [か行]

外位置　158
「垣根表現」（'hedge'）　64
過去形　3, 4, 32
過去進行形　29
過去分詞　68, 72, 73, 75, 132
可算名詞　148
仮定法　4, 6, 43, 44, 50, 57, 59, 164
関係代名詞　8, 29
冠詞　148, 170
間主観化（intersubjectification）125
感情的強調　159
感情を声に出して表現する動詞

183

160

間接的条件法 (indirect condition)
　43, 50, 51, 53

間接話法　160

感嘆詞　85, 114

間投詞　84, 85, 90

完了不定詞　4

緩和語 (downtoner)　77, 78

擬似分裂文　158

既知情報　37

強意語 (emphasizer)　77

競合(関係)　54, 55

強調語 (intensifier)　77, 78

強調詞　84, 89, 90

虚辞　85

虚辞詞　84

虚辞の間投詞　86

近代英語期　23, 160

屈折　43

屈折の水平化　43

句動詞　36, 38

形態的仮定法 (morphological
　subjunctive)　47

形容詞　8, 68, 130, 133, 135, 137
　形容詞＋that subjunctive　48

形容詞化　75

形容詞修飾　96

形容詞派生名詞 (deadjectival
　noun)　15

『研究社新英和大辞典』　55, 56

現在完了　3

現在形　3

現代英語　5, 13, 18-20, 33, 36, 43,
　44, 53-55, 59, 62, 66, 68, 70, 74,

108, 124, 138, 157, 160

限定詞　148

後位置化 (postposing)　160

後期近代英語(期)　1, 5, 8, 27, 54,
　157

後期古英語期　153

合成述語 (composite predicate)
　8, 16, 108, 113

合接詞 (conjunct)　77, 79

構文化　104

構文文法　152

古英語(期)　32, 33, 43, 54, 62

語順　6, 157, 159, 160

個人内形容詞 (intrapersonal
　adjective)　133

誇張詞 (amplifier)　77, 78

個別化 (individualization)　100,
　101

コロケーション　14, 133

混合 (blend)　61

混合構文　62


[さ行]

再帰形　5, 26, 75

再帰代名詞　18-20, 23

再帰動詞　19, 23, 75

思考・認知動詞　105

時制　160

史的現在　160

視点 (viewpoint)　160

自動詞化　25

自動詞的　25

自動詞用法　20

借入語　124

修飾語　8, 132

従節詞（subjunct）　77, 79

重層化（layering）　127

従属節　29

主観化（subjectification）　115, 125

受動態　20, 25, 35, 36, 38-40, 59, 73, 159

受動態動詞　75

逡巡詞（hesitator）　85

条件節　51

状態動詞　19

焦点（focus）　159

情報の新／旧や多／少　157

情報包装（information packaging）　159

初期近代英語（期）　43, 62, 160

助動詞　4, 6, 44, 61, 62

助動詞化　30

助動詞構文　61

助動詞用法　62

進行形　6, 27-29, 98

　進行形の確立　5

身体名詞　131, 132

心理動詞　19

数量詞　8

接続詞　114

接続副詞　160

ゼロ agent　36, 37

前位置化（preposing）　160

前景化　158

前置（fronting）　160

前置詞　59, 92, 144, 146, 148, 151

前置詞句　98, 153

相関項目　159

挿入句（insert）　85

挿入詞　65, 105, 106, 108, 111, 112

遡及的不定詞（retroactive infinitive）　32

存在文　159

## ［た行］

対人的な形容詞（interpersonal adjective）　133

代名詞　5

他動詞（的）　4, 72, 139

他動詞用法　3, 55

タブー間投詞　85

単数名詞　101

談話　157

談話開始項目（discourse-initiating item）　115

談話標識（discourse marker）　85, 114, 115, 120, 122

中英語　19, 43, 54, 55, 62

直説法　44, 49, 59

直接話法　160

定冠詞　5

テキスト的機能　115

統語的凍結性（syntactic frozenness）　144

動詞　8, 16, 17, 19, 20, 28, 36, 58, 61, 69, 71-73, 124, 127, 144, 146, 148, 155, 157, 161

　動詞＋one's way　153

動詞＋that 節／to 不定詞　55
動詞句　6, 38
動詞構文　61
動詞派生名詞（deverbal noun）
　139
動詞用法　63
倒置　44, 45, 158, 160-162, 165
倒置構造　157
動名詞　69, 70

## ［な行］

内容離接詞（content disjunct）
　77
認知文法　152
能動形動詞　72
能動態　37

## ［は行］

橋渡し的機能　140
発話描出　160
反応詞（response）　80, 81, 85
比較文　159
非屈折仮定法（non-inflected
　subjunctive）　43
非遡及的不定詞（non-retroactive
　infinitive）　32
否定語　160, 161
非標準的語順　160
評言節　51, 64
漂白化　65
非連続構文　159
非連続名詞句　159

不可算名詞　14, 101, 153
付加詞（adjunct）　77, 157
複合形容詞　130
複合前置詞　144, 151
副詞　5, 28, 76-79, 81, 114, 153
副詞節　51
副詞類　77
複数名詞　101
不定冠詞　13, 96
不定詞　32, 139
不定代名詞　5
部分構文　100
部分詞（partitive）　101
分詞　68
分析的構文　20
文法化　62, 104, 127
分類詞（classifier）　100
分裂文　158
法助動詞　53, 139
法的意味　33
補強　159
保持化（persistence）　127
補文構造　55
補文組織　5
本動詞　62

## ［ま行］

未知情報　37
未来時　3
未来時制　30
無冠詞　96
名詞　13, 132, 149, 155
名詞（句）　70, 92, 96, 144, 148,

151

名詞止め　8

命令形　19

命令的仮定法 (mandative subjunctive)　5, 43, 44, 46

メタ言語的　52

目的語　146

目的代名詞　19

## ［や行・ら行・わ行］

有標構造　157, 158

有標構文　157

ラテン語　32

離接詞 (disjunct)　77

話法動詞　160

## ［英語］

adversive passive　41

Archer コーパス　48, 125

be + to passive　33

'be' 完了用法　5

BNC (= British National Corpus)　66, 106

by-agent　36, 37

content-related　52

Corpus of Nineteenth-Century English (CONCE)　28, 35

courtesy marker　124

discourse-related　52

end-weight　37

FLOB　106

hedging　52

Helsinki コーパス　48

if 節　52

if のない文における had, were, should, could の倒置　6

inalienable noun　132

-ing comp　5

it is + 過去分詞 + that　39

*Lampeter Corpus of Early Modern English*　52

LOB　74

marginal modal　61

OALD　55, 56, 70, 72, 108, 115, 118, 121

OE -ede　131

OED　41, 50, 57, 64, 65, 72, 74, 86, 88–90, 93, 124, 130, 139

*Old Bailey Corpus*　104

one's way　20

parenthetical if-clause　52

principle of interest　156

Romanticism　28

-self 形　20, 23, 25, 26

semi-modal　68

suppletive modals　6

that 節　29, 54, 58, 66, 166

that 節仮定法　54

*The Corpus of English Conversation*　68

to 不定詞　54, 55, 61, 62, 70, 73

to 不定詞／-ing　54

'Victoria' 朝時代　1

Wh 疑問詞　84

# 人名

秋元　9, 30, 74, 105, 106, 124-126, 144
千葉　44
夏目漱石　3
林　148
樋口　169
福村　20, 35
松山　148
Aarts et al.　5
Akimoto　9, 54, 64, 115, 124, 125, 143, 152
Allan　100
Arnaud　27, 28
Athanasiadou and Dirven　44
Bäckland　133
Beths　62
Biber et al.　9, 36, 76, 80, 85, 105, 115
Birner and Ward　158, 160
Bolinger　98, 138
Breivik　138
Brinton　64, 66, 105, 115
Brinton and Akimoto　9, 20, 143, 153
Brontë（姉妹）　3, 18
Busse　124, 125
Cacciari and Tabossi　143
Carter and McCarthy　9, 44, 115, 158, 159
Cattell　9
Chafe　143
Chaucer　23

Claridge　51
Claridge and Kytö　104
Cowie　143
Crawford　44
Curme　92
Dancygier　51
Declerck and Reed　51, 53
Dehé and Kavalova　105, 106
Denison　41, 44, 54
Dickens　3, 127
Dixon　9, 59, 105
Dorgeloh　160
Dr Joseph Bell　6
Edgar Allan Poe　3, 6
Fernando　143
Fowler　160
Frary　35
George Eliot　3, 127
Givón and Yang　41
Görlach　5
Granger　41
Green　160
Greenbaum　76
Gundel　160
Gustafsson　35, 36
Hardy　3
Harsh　44
Hartvigson and Jakobsen　157, 160
Hatcher　27, 41
Hirtle　130, 133
Huddleston and Pullum　9, 76
Hudson　130, 133
Hundt　41

Ian Littlewood  91
Israel  20, 152, 153
Jackendoff  148
Jacobson  76, 77
Jacobsson  160, 161
James  44
Jespersen  18, 27, 32, 169
Jucker  115
Jucker and Ziv  115
Kamono  66
Kirchner  9
Kjellmer  44, 138, 139
Kranich  28
Krug  62
Kytö et al.  5
Leech  156
Leech et al.  8, 9, 44
Ljung  130, 133
López-Couss  48
Los  54
Lutzky and Demmen  124
Mair  59
Marchand  130
Matsumoto  9
Mazzon  105
Moessner  35
Molencki  44
Mondorf  5, 18, 20, 152
Moon  143
Nagashima  138
Nesselhauf  33
Nunberg et al.  143, 156
Övergaard  44, 46, 47, 59
Paterson  3

Peitsara  18-20
Phillipps  3
Poutsma  9, 26, 27, 59, 69, 70, 138
Quirk  9
Quirk et al.  9, 36, 44, 51, 61, 64, 68, 76, 77, 80, 84, 85, 93, 100, 105, 115, 124, 130, 138, 139, 157, 160
Rohdenburg  18, 54
Rudanko  59
Rudanko and Luodes  70
Rudyard Kipling  6
Scheffer  27
Schiffrin  114, 115
Sellgren  59
Seone  35
Shakespeare  18
Sherlock Holmes  1-3, 5-8, 13, 16, 18, 20, 23, 26, 29-32, 35, 36, 43, 44, 47, 49, 50, 52, 54, 57, 59, 66, 68, 70, 76, 77, 84, 92, 98, 100, 105, 106, 108, 111, 114, 118, 120, 124, 125, 127, 128, 130, 133, 134, 137-139, 143, 144, 148, 151, 157, 160, 166, 167
Sinclair  9, 85, 101
(Sir Arthur) Conan Doyle  3, 6, 7
Sir Walter Scott  6
Smitterberg  27, 28
Stein  35
Strang  18. 27, 28
Svartivik  35, 36

Svartivik and Quirk　68

Swan, T.　76

Swan, M.　169

Thackeray　3, 18

Tissari　105

Traugott　104

Traugott and Trousdale　152

Trollope　3

Trudgill, Nevalainen and Wischer　13

Urmson　105

Van Bogaert　105, 106

Visser　9, 18, 19, 27, 33, 41, 62, 138

Watanabe　31

Watson　128, 137

Wekker　27

Westney　68

## 作品名 （テキスト順）

A Study in Scarlet　10, 12, 16, 21, 31, 33, 37-40, 59, 69, 70, 89, 97, 98, 103, 113, 131, 140, 141, 150, 152, 154, 161, 162, 164, 166

The Sign of Four　9, 12, 14, 15, 21, 31, 40, 41, 49, 55, 57, 66, 87, 88, 103, 108, 110, 112, 121, 126, 132, 140-142, 145-147, 153

A Scandal in Bohemia　69, 89, 94, 121, 126, 146, 147, 169

The Red-Headed League　15, 22, 52, 94, 102, 117, 119, 128, 134, 145, 150, 155

A Case of Identity　10, 63, 108, 110, 116, 141, 145, 150

The Boscombe Valley Mystery　22, 38, 48, 56, 81, 106, 109, 117, 127

The Five Orange Pips　10, 12, 39, 71, 107, 110, 111, 128, 140

The Man with the Twisted Lip　12, 23, 45, 58, 59, 80, 82, 86, 102, 111, 112, 122, 145, 153, 165

The Blue Carbuncle　11, 67, 79, 82, 94, 98, 107, 117, 151, 168

The Speckled Band　15, 16, 22, 79, 83, 94, 122, 151, 164

The Engineer's Thumb　29, 164

The Noble Bachelor　9, 32, 33, 52, 69, 79, 97, 113, 117, 132, 154, 163

The Beryl Coronet　29

The Copper Beeches　22, 29, 38, 45, 57, 82, 107, 111, 118, 131, 145, 169

Silver Blaze　12, 30, 107, 108, 162

The Yellow Face　13, 22, 58, 87, 97, 103, 110, 116, 149, 152

The Stock-Broker's Clerk　52, 81, 97, 132, 155

The "Gloria Scott"　13, 88, 98, 122

The Musgrave Ritual　23

The Reigate Puzzle　15, 38, 41, 70, 162

索 引　191

The Crooked Man　94, 146, 149

The Resident Patient　40, 87

The Greek Interpreter　15, 28, 37, 80, 142

The Naval Treaty　16, 30, 32, 80, 118, 120

The Final Problem　14, 40, 79, 151, 154

The Empty House　38, 49, 117, 152

The Norwood Builder　16, 56

The Dancing Men　21, 58, 102

The Solitary Cyclist　23, 58, 134

The Priory School　13, 37, 48, 122, 150

Black Peter　70, 95, 98

Charles Augustus Milverton　21, 30, 39, 63, 97, 102, 141

The Six Napoleons　63, 145, 149, 169

The Three Students　21, 40, 96, 129, 150

The Golden Pince-Nez　87, 88, 95, 96, 103, 119, 141

The Missing Three-Quarter　60, 69, 108, 163

The Abbey Grange　52, 142, 145, 153, 164

The Second Stain　58, 146, 148, 152

The Hound of the Baskervilles　10, 11, 13, 17, 23, 29, 33, 46, 49, 58, 63, 67, 71, 90, 102, 112, 119–121, 125, 126, 144, 161, 163, 165–167

The Valley of Fear　14, 45, 47, 53, 56, 57, 71, 72, 89, 90, 99, 122, 146, 164, 167

Wisteria Lodge　45, 71, 102, 135, 153, 167

The Bruce-Partington Plans　11, 32, 81, 103, 110, 162

The Dying Detective　48

The Disappearance of Lady Frances Carfax　11, 47, 113, 162

The Devil's Foot　10, 46, 71, 136, 147, 154, 161, 165, 167

His Last Bow　34, 39, 63, 113, 147, 151, 155

The Illustrious Client　42, 47, 60, 113, 141, 148, 149, 163

The Blanched Soldier　21, 49, 60, 63, 90, 164

The Mazarin Stone　21, 31, 95

The Three Gables　103

The Sussex Vampire　11, 49, 109

The Three Garridebs　72, 95, 103, 147, 155, 162, 163

The Problem of Thor Bridge　149

The Creeping Man　26, 46, 67, 95, 96, 104, 152

The Lion's Mane　141

The Veiled Lodger　96

Shoscombe Old Place　95, 104

The Retired Colourman　81, 108, 120

秋元　実治　（あきもと　みのじ）

　東京大学大学院人文科学研究科博士課程満期退学。現在，青山学院大学名誉教授，文学博士。

　主な業績：*Idiomaticity*（Shinozaki Shorin, 1983），*Collocational and Idiomatic Aspects of Composite Predicates in the History of English*（Co-work with Laurel J. Brinton, John Benjamins, 1999），『文法化─研究と課題』（編，英潮社，2001），『文法化─新たな展開』（共編著，英潮社，2005），『Comment Clause の史的研究─その機能と発達─』（編，英潮社フェニックス，2010），『文法化と構文化』（共編著，ひつじ書房，2013），『増補文法化とイディオム化』（ひつじ書房，2014），『日英語の文法化と構文化』（共編著，ひつじ書房，2015），"On the functional change of *desire* in relation to *hope* and *wish*"（*Developments in English: Expanding Electronic Evidence*, ed. by Irma Taavitsainen, Merja Kytö, Claudia Claridge and Jeremy Smith, Cambridge University Press, 2015），など。

## Sherlock Holmes の英語　　　　<開拓社 言語・文化選書 65>

2017 年 3 月 25 日　第 1 版第 1 刷発行

著作者　　秋 元 実 治
発行者　　武 村 哲 司
印刷所　　日之出印刷株式会社

発行所　　株式会社　開 拓 社

〒113-0023　東京都文京区向丘 1-5-2
電話　（03）5842-8900（代表）
振替　00160-8-39587
http://www.kaitakusha.co.jp

Ⓒ 2017 Minoji Akimoto　　　　　　　ISBN978-4-7589-2565-5　C1382

**JCOPY** ＜（社）出版者著作権管理機構 委託出版物＞

本書の無断複写は著作権法上での例外を除き禁じられています。複写される場合は，そのつど事前に，（社）出版者著作権管理機構（電話 03-3513-6969，FAX 03-3513-6979，e-mail: info@jcopy.or.jp）の許諾を受けてください。